Elogios a
Abrace Sua Jornada

"Todos nós sabemos como é ter certas expectativas para nossa vida e vê-la seguir por um caminho diferente. Em tempos como os de hoje, precisamos de ajuda para manter a cabeça erguida à medida que avançamos. E é exatamente isso o que Jordan Lee Dooley faz por nós em *Abrace Sua Jornada*. Se você, assim como eu, necessita de um passo a passo prático, de sabedoria comprovada e de uma amiga que lhe conduza pelo caminho de uma nova era de sonhos, este guia era do que você estava precisando."

— LYSA TERKEURST, autora n° 1 de best-sellers do *New York Times* e presidenta da *Proverbs 31 Ministries*

"Em vez de reforçar a teoria do 'mire a lua', bastante difundida em nossa cultura, Jordan faz parte da resistência. Em seu livro *Abrace Sua Jornada*, a autora estrategicamente nos orienta sobre como redefinir o sucesso, para que possamos administrar fielmente o bem que Deus coloca em nosso caminho. Este livro anuncia a mensagem da qual esta geração tanto precisa."

— AMANDA PITTMAN, fundadora da *Confident Woman Co.*

"Quer nos sintamos perdidas quando um sonho não dá certo, quer finalmente respiremos aliviadas depois de nos libertar de um plano que não estava mais dando certo, Jordan nos guia com compaixão e clareza para nos fazer gostar de nossa vida — ou pelo menos fazer as pazes com ela — muito antes de cruzarmos a linha de chegada. *Abrace Sua Jornada* defende a ideia de uma vida que está sempre em construção, ao invés da busca por uma plenitude que nunca é alcançada. Jordan nos convida intimamente a nos juntarmos a ela no espaço entre a frustração e a possibilidade, o desgosto e a esperança — seja em nosso lar, na maternidade, na carreira ou na fé. Ela nos lembra que uma vida de imperfeições é aquela em que nos esforçamos continuamente, nunca celebrando o fato de que onde nos encontramos atualmente talvez já seja um lugar bonito o suficiente. Basta vermos as coisas através de suas lentes."

— HILARY RUSHFORD COLLYER,
apresentadora do podcast *You're Welcome*

"Jordan Lee Dooley é a mistura perfeita entre sabedoria e trabalho duro, e este livro entrega ambos. Quando você não compreender algo e precisar de um guia, *Abrace Sua Jornada* a acompanhará, ensinará e levará à vida cheia de confiança que você deseja."

— ANNIE F. DOWNS, autora de *That Sounds Fun*
[Isso Parece Divertido, em tradução livre],
best-seller do *New York Times*

"*Abrace Sua Jornada* é para quem se encontra na estranha fase do 'meio do caminho'. Jordan nos presenteia com um guia perspicaz, repleto de passos bíblicos e práticos que nos dão clareza sobre o futuro, ao mesmo tempo que nos ajuda a sentir contentamento por ainda não termos chegado lá."

— LISA BEVERE,
autora de best-sellers do *New York Times*

"Sou grata pela maneira como Jordan compartilha com honestidade sua jornada, ajudando qualquer pessoa que teve que esperar ou ajustar suas expectativas na fase em que está para redefinir o sucesso e o contentamento em sua vida."

— RUTH CHOU SIMONS, autora de best-sellers do *Wall Street Journal*,
artista e fundadora do gracelaced.com

ABRACE SUA JORNADA

JORDAN LEE DOOLEY

ABRACE SUA JORNADA

ENCONTRE CLAREZA E CONTENTAMENTO NAS DÚVIDAS, INQUIETAÇÕES E INCERTEZAS

ALTA BOOKS
GRUPO EDITORIAL
Rio de Janeiro, 2023

Abrace Sua Jornada

Copyright © 2023 da Starlin Alta Editora e Consultoria Eireli.
ISBN: 978-85-508-1865-8

Translated from original Embrace Your Almost. Copyright © 2022 by Jordan Lee Dooley. ISBN 9780593193440. This translation is published and sold by permission of WaterBrook, an imprint of Random House, a division of Penguin Random House LLC, the owner of all rights to publish and sell the same. PORTUGUESE language edition published by Starlin Alta Editora e Consultoria Eireli, Copyright © 2023 by Starlin Alta Editora e Consultoria Eireli.

Impresso no Brasil — 1ª Edição, 2023 — Edição revisada conforme o Acordo Ortográfico da Língua Portuguesa de 2009.

Todos os direitos estão reservados e protegidos por Lei. Nenhuma parte deste livro, sem autorização prévia por escrito da editora, poderá ser reproduzida ou transmitida. A violação dos Direitos Autorais é crime estabelecido na Lei nº 9.610/98 e com punição de acordo com o artigo 184 do Código Penal.

A editora não se responsabiliza pelo conteúdo da obra, formulada exclusivamente pelo(s) autor(es).

Marcas Registradas: Todos os termos mencionados e reconhecidos como Marca Registrada e/ou Comercial são de responsabilidade de seus proprietários. A editora informa não estar associada a nenhum produto e/ou fornecedor apresentado no livro.

Erratas e arquivos de apoio: No site da editora relatamos, com a devida correção, qualquer erro encontrado em nossos livros, bem como disponibilizamos arquivos de apoio se aplicáveis à obra em questão.

Acesse o site www.altabooks.com.br e procure pelo título do livro desejado para ter acesso às erratas, aos arquivos de apoio e/ou a outros conteúdos aplicáveis à obra.

Suporte Técnico: A obra é comercializada na forma em que está, sem direito a suporte técnico ou orientação pessoal/exclusiva ao leitor.

A editora não se responsabiliza pela manutenção, atualização e idioma dos sites referidos pelos autores nesta obra.

Dados Internacionais de Catalogação na Publicação (CIP) de acordo com ISBD

D691a   Dooley, Jordan Lee
     Abrace Sua Jornada / Jordan Lee Dooley ; traduzido por Andresa Vidal. - Rio de Janeiro : Alta Books, 2023.
     224 p. ; 16cm x 23cm.

     Tradução de: Embrace Your Almost
     Inclui índice.
     ISBN: 978-85-508-1865-8

     1. Autoajuda. 2. I. Vidal, Andresa. II. Título.

2022-3464   CDD 158.1
                                 CDU 159.947

Elaborado por Odílio Hilario Moreira Junior - CRB-8/9949

Índice para catálogo sistemático:
1. Autoajuda 158.1
2. Autoajuda 159.947

Produção Editorial
Editora Alta Books

Diretor Editorial
Anderson Vieira
anderson.vieira@altabooks.com.br

Editor
José Ruggeri
j.ruggeri@altabooks.com.br

Gerência Comercial
Claudio Lima
claudio@altabooks.com.br

Gerência Marketing
Andréa Guatiello
andrea@altabooks.com.br

Coordenação Comercial
Thiago Biaggi

Coordenação de Eventos
Viviane Paiva
comercial@altabooks.com.br

Coordenação ADM/Finc.
Solange Souza

Direitos Autorais
Raquel Porto
rights@altabooks.com.br

Assistente Editorial
Gabriela Paiva

Produtores Editoriais
Illysabelle Trajano
Maria de Lourdes Borges
Paulo Gomes
Thales Silva
Thiê Alves

Equipe Comercial
Adenir Gomes
Ana Carolina Marinho
Daiana Costa
Everson Rodrigo
Fillipe Amorim
Heber Garcia
Kaique Luiz
Luana dos Santos
Maira Conceição

Equipe Editorial
Beatriz de Assis
Betânia Santos
Brenda Rodrigues
Caroline David
Henrique Waldez
Kelry Oliveira
Marcelli Ferreira
Mariana Portugal
Matheus Mello
Milena Soares

Marketing Editorial
Amanda Mucci
Guilherme Nunes
Livia Carvalho
Pedro Guimarães
Talissa Araújo
Thiago Brito

Atuaram na edição desta obra:

Tradução
Andresa Vidal

Copidesque
Paulo H. Aragão

Revisão Gramatical
Alessandro Thomé
Renan Amorim

Leitura Crítica
Luiza Thomaz

Diagramação
Joyce Matos

Capa
Rita Motta

Editora afiliada à: ASSOCIADO

Rua Viúva Cláudio, 291 — Bairro Industrial do Jacaré
CEP: 20.970-031 — Rio de Janeiro (RJ)
Tels.: (21) 3278-8069 / 3278-8419
www.altabooks.com.br — altabooks@altabooks.com.br
Ouvidoria: ouvidoria@altabooks.com.br

*Para Matt, meu companheiro que me ajudou
a lidar com todos os desafios que a vida
me apresentou e inevitavelmente ainda
apresentará.*

Agradecimentos

Para Matt, meu amor: obrigada por ser minha rocha — um pilar de força. Anos antes de acontecer a maior parte do que está escrito nestas páginas, alguém profetizou que você se tornaria uma rocha e um pilar de força para nossa família, e acredito que essa profecia se cumpriu umas dez vezes. Obrigada por seu apoio — não apenas quando vivemos essas histórias, mas também na elaboração deste livro. Você é minha calmaria na tempestade, a corda que segura meu balão e meu porto seguro. E todos os agradecimentos no mundo não seriam suficientes para mostrar como sou grata por você.

Para meus bebês que estão no céu: obrigada por me ensinarem o que é amor de mãe e, em resultado disso, me permitir ver a profundidade do amor do Pai por Seus filhos. Valorizarei suas breves, mas preciosas, vidas até o dia em que morrer. Embora desejasse tê-los aqui comigo, vocês me ajudaram a ver o que realmente importa nesta vida de uma forma que outra fonte dificilmente teria conseguido me mostrar. Além da existência de vocês, esse talvez seja um dos maiores presentes que poderiam ter me dado.

Aos meus pais: obrigada pela maneira como vocês largaram tudo para estar ao meu lado durante os dias mais felizes e mais sombrios de minha vida. Seu apoio interminável é um verdadeiro presente. Muitas das lições nestas páginas só puderam ser registradas nelas graças a vocês. Se ao menos o mundo pudesse saber o quão realmente incríveis vocês dois são!

Ao meu irmão: obrigada por ser o tipo de irmão que toda garota gostaria de ter e por sempre aparecer na hora certa com o incentivo, a força e a fé dos quais preciso me sustentar. Sou muito grata por como você cresceu, por quem se tornou e pela forma como me encoraja quando mais preciso. Eu não teria passado por esta fase da minha vida nem encontrado forças para escrever metade destas palavras se não fosse você.

Para minha equipe na Penguin Random House e WaterBrook: obrigada pelo trabalho duro e dedicação que vocês dedicaram a este projeto. Sou imensamente grata pela sua flexibilidade quando as datas tiveram que mudar e pelo seu comprometimento para fazer este livro se tornar a melhor versão de si mesmo, inclusive quando eu estava querendo apressar a conclusão. Sua orientação, graça e apoio contínuos fizeram com que eu me tornasse uma escritora e líder melhor, e sou muito grata por isso.

Para a minha equipe da Jordan Lee Media, tanto do passado quanto do presente: obrigada por todo o trabalho duro que vocês dedicaram para tornar este (e todos os outros projetos que estou realizando) um sucesso. Vocês são um presente.

Para minha comunidade online, minhas ouvintes do podcast e minhas leitoras: obrigada por apoiarem meu trabalho ao longo dos anos. Obrigada por honrar minha história. Obrigada por ler estas páginas e compartilhar estas palavras com seus amigos. Eu não poderia fazer nada disso sem vocês.

Finalmente, toda glória a Deus por escrever histórias que raramente fazem muito sentido no meio do caminho, mas que sempre têm mais significado e beleza em reserva do que jamais poderíamos pedir ou imaginar.

Sobre a autora

Por preparar mulheres para entenderem o que realmente valorizam (e o que não valorizam!), JORDAN LEE DOOLEY está em uma missão para acabar com a mentira de que devemos fazer tudo e ter tudo para sermos bem-sucedidas. Movida pela paixão de ajudar mulheres a correr atrás de seus sonhos, priorizando a saúde e o bem-estar delas, ela reuniu uma enorme comunidade online para orientar mulheres ambiciosas rumo a uma vida mais sustentável e com propósito. Suas palavras e sua influência continuam a se expandir diariamente à medida que oferece conselhos práticos, insights e histórias inspiradoras por meio de seu incrível podcast e das redes sociais. Jordan, nascida e criada em Indiana, é casada com seu namorado da faculdade e tem uma vida feliz. Ela mora em uma cidadezinha próxima a Indianápolis.

	Introdução	1
1	Redefina o Sucesso	11
2	Abandonando uma Boa Ideia	25
3	Sonhe de Novo	41
4	Sempre na Trave	63
5	Quando as Coisas não Acontecem Como o Planejado (de Novo)	75
6	Quando um Sonho Se Torna um Eterno Pesadelo	85
7	Ganhos Inesperados de uma Dor Indesejada	103
8	A Adversidade Pode Trazer Clareza	119
9	Quando Todos Realizam Sonhos, menos Você	127
10	Arranque as Mentiras em que Você Acredita pela Raiz	143
11	Priorize Suas Próprias Prioridades	159
12	Tire o Máximo de Proveito dos Seus quase Sucessos	177
13	Termine Bem	193
	Índice	203

Introdução

Mesmo não gostando de correr, eu entrei para a equipe de atletismo durante o ensino médio. Já que várias de minhas amigas estavam na equipe, decidi que me inscreveria também. Porém, jurei para mim mesma que desistiria se o treinador me fizesse correr os 400 metros rasos. Correr a toda velocidade apenas para completar uma volta na pista de corrida? Não, obrigada.

Mas então, logo depois dos primeiros treinos, o treinador avisou que, de fato, eu competiria na temida prova de 400 metros rasos em breve. *Você só pode estar brincando comigo.* Pensei em desistir, mas meu instinto competitivo me desafiou a arriscar.

O dia da competição chegou. Com meu coração quase saindo pela boca e a adrenalina fluindo em minhas veias, me posicionei na linha de partida da corrida. Ouvi o tiro de início e, com outras seis ou sete competidoras, disparei. No momento em que fazia a curva final e seguia para os últimos 100 metros da corrida, fiquei surpresa ao perceber que estava lado a lado com uma adversária, disputando pelo primeiro lugar da competição.

Meu Deus, eu posso mesmo ganhar!

Conforme nos aproximávamos de chegada, uma imagem de corredores olímpicos na televisão surgiu em minha mente. Lembrei-me de vê-los se inclinar para cruzar a linha apenas milissegundos antes do oponente. Apesar de não ter absolutamente nenhuma experiência com essa estratégia, decidi arriscar.

E *essa* foi uma ideia terrível.

Como me inclinei cedo demais e a uma distância muito grande, em vez de cruzar a linha, o impulso me fez cair de cara na pista, com os braços esticados à minha frente e com as pontas dos dedos a poucos centímetros da chegada. Todo mundo passou por mim enquanto permanecia estirada de bruços no chão, em descrença, com os cotovelos e joelhos esfolados.

O supervisor da corrida se aproximou de mim e me perguntou se eu ainda queria terminá-la. Olhei para cima e vi todas as outras corredoras do outro lado, cumprimentando colegas de equipe e bebendo água. Por mais humilhada que estivesse, consegui me levantar e ultrapassar a linha.

Justo quando estava *quase* chegando em primeiro lugar, acabei terminando em último. Acho que nunca fiquei tão envergonhada quanto naquele dia.

Foi por Pouco

Você já se viu em uma situação como essa? Sabe como é, quando está tão perto de realizar um grande sonho ou alcançar uma meta e, no fim, acaba estendida de bruços no chão, tão perto de onde esperava ou desejava estar?

Não conto essa história vergonhosa só por diversão.

Pode acreditar — eu preferiria tê-la mantido guardada em meus arquivos de lembranças ruins e nunca mais voltar a falar sobre isso.

INTRODUÇÃO

No entanto, a compartilho porque quero ilustrar o motivo pelo qual acredito que este livro seja necessário. Você não tem a impressão de que, para onde quer que olhe, há uma mensagem lhe dizendo para enriquecer, para alcançar seus objetivos e dominar o mundo? Mas e se, mesmo depois de seus melhores esforços, você terminar de cara no chão, *quase* conseguindo, mas não chegando de fato aonde gostaria de estar? E aí? Você ainda poderia ser bem-sucedida?

Olha, eu sei que é devastador — ou pelo menos incrivelmente frustrante — *quase* alcançar um objetivo, *quase* realizar um sonho, ou *quase* chegar onde gostaria de estar, apenas para sentir como se tudo tivesse desmoronado no último minuto. Sei como é pensar que o mundo está a seus pés em um momento e contra você no outro. Sei como é cansativo ter que ouvir frases clichês como "Levante-se, sacuda a poeira e dê a volta por cima", quando tudo o que você quer é deitar e dar um tempo.

Não me leve a mal. Sou uma pessoa objetiva... quando possível. Costumo ser uma ótima planejadora e empreendedora quando estou começando uma nova jornada. Crio um plano e rapidamente traço meios de alcançá-lo. Sigo em frente, ajustando meu plano dia após dia. Se nada me interromper, cruzo a linha de chegada com um grande sorriso idiota no rosto.

No entanto, às vezes acontece algo que me tira do eixo quando estou prestes a alcançar um objetivo profissional ou uma aspiração pessoal. Seja um acontecimento inesperado no mundo, uma discussão familiar ou eu me atrapalhar, inúmeros fatores podem surgir e acabar com meus planos. Às vezes, quando isso acontece, me pergunto, em primeiro lugar, se o objetivo que eu estava traçando era mesmo o ideal para mim, e muitas vezes me obrigo a repensar completamente minha jornada.

Por que estou fazendo o que estou fazendo? É *realmente* por esse objetivo que eu quero lutar ou me empenhar? Se for, como posso realizá-lo de uma maneira diferente? Se não for, quais passos preciso dar para abandonar esse caminho ou mudar de percurso?

Talvez você seja uma planejadora também. Ou não. Talvez seja uma garota que gosta de ver onde as coisas a levarão, e eu aprecio a beleza de um espírito espontâneo. Independentemente de ser movida à realização ou mais do tipo que segue o fluxo, posso apostar que a vida que você tem agora parece um pouco diferente daquela que imaginou que teria.

Você pode ter imaginado que, a essa altura, estaria casada, teria dois filhos e um cachorro, teria alcançado certo nível em sua carreira, teria uma casa grande ou estaria vivenciando alguma outra coisa que simplesmente não deu certo (mesmo que, em um ponto ou outro você tenha chegado tão perto, que quase pôde sentir o gosto da vitória). Talvez você já tenha se deparado com alguma dessas situações:

- Aquele cara *quase* foi o homem certo... mas ele mudou de ideia sobre a relação e terminou.

- Você *quase* ganhou aquela promoção, até que inesperadamente perdeu um ente querido e teve que se afastar do emprego, o que fez com que o cargo fosse para outra pessoa.

- Aquela maratona para a qual você treinou estava *quase* chegando, até que seu filho ficou doente, e você teve que focar toda sua atenção em cuidar dele, em vez de treinar.

Ou talvez você esteja *quase* onde gostaria de estar, mas a linha de chegada parece continuar se afastando.

Também acontece de *conseguirmos* o que queremos, mas não sentirmos a satisfação que pensávamos que teríamos. Talvez a ideia de

INTRODUÇÃO

"Quando eu finalmente conseguir tal coisa terei sucesso" seja uma meia-verdade ou até mesmo uma mentira descarada na pior das hipóteses.

Por mais maluco que pareça, eu aprendi que, às vezes, é apenas em momentos de descontentamento ou decepção que temos a "oportunidade" de nos recompor, reconsiderar tudo o que estamos fazendo e esclarecer o que valorizamos e o que o sucesso realmente significa para nós.

Ao contrário do que muita gente acredita, talvez replanejar os sonhos nem sempre seja uma ideia ruim. Dito isso, não tenho certeza se a resposta para as decepções e os momentos devastadores da vida seja tão simples quanto "Levante-se, sacuda a poeira e dê a volta por cima". Em vez disso, a resposta às vezes pode ser redefinir o que sucesso significa para *você* em um mundo que está constantemente lhe dizendo o que você deveria fazer. Isso parece óbvio, certo? Então, por que é tão difícil?

Talvez seja porque o mundo nos faça sentir que devemos querer tudo e fazer tudo ao mesmo tempo: *Arrase em sua carreira. Ao mesmo tempo, seja uma boa esposa. Tenha filhos. Seja uma boa mãe. Mas não se esqueça de si mesma. Não deixe que o fato de ter uma família a atrapalhe de desfrutar uma vida divertida como a de uma solteira. Beba 2 litros de água por dia. Faça trabalho voluntário, porque você precisa ser uma boa pessoa. Compre a casa dos seus sonhos. Ganhe muito dinheiro. Ah, mas não dinheiro demais, porque você não deve ser egoísta e gananciosa. Tire férias. Não se esqueça de malhar. Compareça naquele evento para que as pessoas a continuem convidando. Mantenha contato com velhos amigos. Poste nas redes sociais para que todos possam ver o quanto você é feliz. Tenha uma rotina matinal. Ajude o próximo. Ligue para sua mãe. Faça tudo.*

É muita coisa. Algumas das mensagens parecem até se contradizer. Não é à toa que é difícil nos sentirmos satisfeitas com qualquer coisa

ABRACE SUA JORNADA

que fazemos! No momento em que nos casamos ou começamos uma família, passamos a ouvir que devemos alcançar nossos objetivos de carreira. Ou quando alcançamos uma meta de carreira, surge alguém para falar sobre o relógio biológico e que precisamos nos apressar para encontrar um parceiro e fazer bebês. Como é que uma garota se mantém sã? Além de nossas próprias expectativas e esperanças, enfrentamos uma pressão constante para realizar e atender às expectativas dos outros, correr contra o tempo e provar a nós mesmas que somos capazes.

Dito isso, este livro não é sobre zerar a vida, alcançar todos os objetivos, dominar o mundo ou vencer uma corrida. Estas páginas existem para ajudá-la a definir o que é sucesso para *você*, focar os objetivos certos e correr bem a *sua* corrida, mesmo quando as coisas não aconteçam como o planejado.

Trata-se de encontrar clareza e contentamento — mesmo no meio desses sonhos quase realizados — e aproveitar ao máximo as incertezas e as dúvidas.

Por quê?

Porque, se vivermos apenas para a grande chegada no topo da montanha — aquelas vitórias grandes e óbvias —, perderemos a beleza que existe entre os vales e na jornada. Sabe quando estamos escondidas, quando ninguém vê nossos esforços, quando trabalhamos pelo que parece uma eternidade apenas para *quase* alcançar nosso objetivo? Sentiremos essa tensão em grande parte de nossa vida.

A vida — a vida de verdade, onde temos que elaborar e realizar nossos planos em meio a desafios inesperados — exige que tenhamos lucidez sobre o que é prioridade e o que não é, para que possamos redefinir o sucesso e seguir na direção certa (mesmo depois de quebrar a cara).

INTRODUÇÃO

Um Convite

Gostaria que pensasse na seguinte pergunta: você *gosta* de sua vida? Talvez não ame tudo nela ou não esteja exatamente onde gostaria de estar. Mas aqui, no meio da caminhada, você gosta da trilha que está traçando a cada dia? Sente-se conectada com o que quer que esteja fazendo?

Faço essas perguntas porque acredito que, às vezes, quando nos encontramos presas entre onde começamos e onde queremos estar, nessas meias-estações, focamos tanto a vida que *queremos* ter, que deixamos de apreciar a que *temos*. Na verdade, podemos ser tentadas a não gostar ou até mesmo a odiar nossa vida descontrolada e maravilhosa porque ela nos decepcionou ou nos descontentou de uma forma ou de outra. Pode parecer quase impossível *amar* a vida quando estamos focadas no que não deu certo. E tudo bem. Não estou pedindo para que você ame tudo em sua vida. Ela pode ser complicada — e difícil de amar. No entanto, acredito que podemos pelo menos *gostar* daquilo em que investimos nosso tempo, talento, energia e ambição, mesmo quando estamos no meio — entre onde começamos e onde desejamos estar.

Eu me arriscarei e falarei sobre algo que tenho aprendido em minha própria jornada: às vezes, as expectativas não atendidas e aqueles momentos devastadores em que "batemos na trave" são como convites inesperados (e, muitas vezes, indesejados) para reavaliar o que estamos fazendo, reconsiderar por que estamos fazendo tal coisa e reavaliar nossas prioridades para que possamos administrar a vida que já temos antes mesmo de conseguirmos o que queremos.

Para deixar claro, gostar de sua vida não significa não almejar mais. Não significa que você não possa esperar, planejar ou sonhar com possibilidades. Não significa que você deva desistir de ansiar por qualquer coisa que pareça fora de alcance. Significa simplesmente que você aprendeu a conviver com a tensão entre a decepção e a possibilidade. Você se dá a chance de, simultaneamente, mirar o que poderia ser e aproveitar ao máximo o que é atualmente. Você sabe qual é seu valor em um mundo que está constantemente dizendo que deveria querer tudo. Você redefine o que é o sucesso para você, encontra contentamento no que faz e cria uma existência adorável, antes mesmo de ver os resultados de suas atividades. Você troca a perfeição por vontade, prazer, fé e intenção enquanto cuida da vida que lhe foi dada.

À medida que aprendi a cuidar da vida que se desenrolava no meio do caminho, descobri que nossas experiências mais devastadoras e nossas maiores decepções podem ser becos sem saída ou momentos decisivos. Podem nos bloquear ou podem acabar com a distração para nos ajudar a ver o que é mais importante para nós e entender como cultivaremos mais disso.

Quando você permite que seus fracassos (mesmo aqueles realmente dolorosos) lhe esclareçam o que *você* valoriza e considera como sucesso, é capaz de descobrir que é possível valer-se de uma vida da qual realmente goste antes mesmo de chegar onde deseja estar. Pode descobrir que não se importa em ser a melhor da equipe de atletismo ou a número um em seu setor, que não precisa acompanhar ou superar outra pessoa para ter sucesso, que não quer uma promoção e que não precisa ter tudo o que disseram que deveria querer.

E essas descobertas? As que nos mostram o que realmente é importante para nós, são convidativas e resultam em bem? Elas nos libertam para *viver* nossa vida, em vez de seguir com a cobrança de correr atrás de mais apenas para ter mais.

O que quero ajudá-la a encontrar nestas páginas é clareza para o seu futuro e contentamento no presente — mesmo diante da dor ou da incerteza que pode vir com expectativas não atendidas.

Se a ideia ressoar em você, encha uma taça e vamos nessa.

Este livro não é sobre zerar a vida, alcançar todos os objetivos, dominar o mundo ou vencer uma corrida. Estas páginas existem para ajudá-la a definir o que é sucesso para *você*, focar os objetivos certos e correr bem a *sua* corrida, mesmo que as coisas não aconteçam como o planejado. Este é um livro sobre o seus quase! Então prepara-se para *Abraçar a Sua Jornada*!

1

Redefina o Sucesso

Eu me senti enjoada, como se fosse vomitar. Conforme piscava com força para encarar os resultados de um projeto na tela do computador, meu coração batia mais forte. Eu havia investido dezenas de milhares de dólares nesse empreendimento. Dispus-me a correr o risco porque as previsões conservadoras me indicaram que eu teria um retorno três ou quatro vezes maior.

No entanto, os dados reais mostravam que o valor talvez nem mesmo cobriria meu investimento inicial.

Como isso aconteceu?, perguntava-me enquanto tentava encontrar algum sentido no que havia acontecido. *Deixei algo passar?* Eu havia pesquisado, planejado e tomado decisões bem pensadas. Tudo foi arranjado para o sucesso, e eu tinha muita certeza de que o investimento renderia uma recompensa generosa.

Examinei os números de novo e de novo, apenas para chegar à mesma conclusão: aquilo *não* era nada bom. Eu me senti tão estúpida! Como pude estar tão errada em minhas previsões? *Por que sou sempre tão ambiciosa?*

Ao perceber que o projeto poderia ser um grande fracasso, liguei para meu marido e lhe falei sobre minha preocupação. Ele me disse algumas palavras encorajadoras e sugeriu que fôssemos ao nosso restaurante italiano favorito naquela noite, para discutirmos possíveis planos de ação. Ainda sem acreditar que estávamos tendo aquela conversa, concordei com relutância, e ele fez uma reserva.

Naquela noite, enquanto meu marido enrolava seu linguine no garfo e eu provava meu risoto sem glúten, ele disse algo que eu não esperava: "J, sei que isso parece uma grande perda, e sua frustração com a situação é compreensível. Mas quero lembrá-la de que você não *tem* que fazer esse projeto acontecer. Era algo que você queria, mas é um extra. Não é porque você é boa em algo que é obrigada a fazer. E talvez esta seja uma lição de contentamento em uma fase que você disse que queria desacelerar. Talvez seja uma oportunidade de focar o que *está* funcionando, em vez de tentar constantemente fazer algo novo funcionar."

Engoli em seco enquanto processava o que ele dissera.

Ele estava certo. Talvez eu tivesse deixado minha ambição por mais, mais e mais fugir do controle... de novo. De uma forma inesperada, foi como se, naquele dia, sentados a uma mesinha com um prato de macarrão, meu marido me desse permissão para reconsiderar tudo o que eu estava buscando e questionar se me permitiria aceitar que o que *estava* dando certo seria suficiente.

Depois de pagarmos a conta, voltamos para casa, vestimos roupas confortáveis e fomos ler sob as luzes de nosso terraço. O som dos grilos encheu o ar frio da noite, e eu respirei fundo enquanto pensava: *Uau, mesmo que o projeto não esteja dando certo, realmente gosto da minha vida neste momento.*

Claro, ainda havia aquele investimento perdido para compensar, mas o estranho foi que fui lembrada da necessidade de ser grata por tudo que *estava* indo bem em minha vida. Fiz uma pausa, olhei em volta e absorvi tudo, percebendo que sentia gratidão em um nível mais profundo do que sentia havia tempos. Talvez porque quando uma decepção ou perda nos atinge, nos lembramos do quão boas são as coisas mais corriqueiras da vida

O Jardim

Alguns dias depois de nosso jantar italiano, saí pela porta dos fundos de casa e vi meu marido organizando os materiais de jardinagem enquanto o sol se punha sobre o lago atrás dele. Era uma tarde do fim da primavera, e a luz dourada refletia na água e em seu corpo atlético. Semicerrei os olhos enquanto caminhava em direção a ele para oferecer ajuda.

Com as mãos sujas de terra, minha mente retornou para o último mês de agosto, a primeira vez que tentamos iniciar uma horta. Mais tarde, porém, descobrimos que a época de plantio da maioria dos vegetais no centro-oeste já havia passado. A motivação para começar o cultivo veio depois de um verão difícil para nossa família. Eu precisava de um hobby. Além disso, sabia que produtos orgânicos, frescos e caseiros eram muito mais saudáveis que os alimentos comprados no mercado, que ficam durante dias ou semanas nas prateleiras. Então, decidi experimentar a jardinagem. Não importava que eu nunca tivesse sido capaz de manter uma simples planta viva por mais de uma semana. (Minhas pobres suculentas, uma das plantas mais fáceis de cuidar, sempre murcharam devido ao fato de eu estar sempre ocupada.)

Mas eu me senti empoderada e determinada para fazer aquela plantação fora de época funcionar. Sonhando com os cestos de couve, espinafre e cenouras que colheria, pesquisei novas e deliciosas receitas para experimentar com meus futuros legumes e verduras. E para dar

ABRACE SUA JORNADA

sorte — ou pelo menos para completar o visual agrícola —, usei meu macacão no dia do plantio.

Semana após semana, reguei e capinei fielmente meu primeiro jardinzinho. Eu esperava ansiosa por aqueles brotinhos rompendo o chão. Cheguei até a parar de ir à seção de hortifruti do supermercado, certa de que colheria produtos melhores do que os que via lá.

Mas não foi exatamente isso o que aconteceu. Naquele primeiro ano, apesar do trabalho árduo, minha recompensa foi de quatro míseras folhas de couve. Não, não quatro pés. Quatro *folhas*. Apenas uma planta havia sobrevivido, me dando esse parco resultado. O resto da safra foi devorado por larvas ou morto por uma geada inesperada. Eu mal conseguia fazer uma salada com a minha "colheita".

Ao colher as quatro folhas da planta, olhei para a terra, onde minhas cenouras deveriam ter crescido, mas infelizmente mal haviam brotado. Eu tinha falhado miseravelmente.

Não tinha?

Se formos avaliar o sucesso com base na colheita física, então, sim, eu havia falhado. No entanto, se pensarmos no meu crescimento pessoal enquanto aprendia sobre a escolha do tempo, sobre desacelerar, semear e cuidar de forma consistente, meus esforços foram um grande sucesso.

Talvez aquelas poucas folhas de couve não representassem um fracasso, mas mostravam as possibilidades. Em vez de ver a única planta sobrevivente como uma decepção, comecei a vê-la como prova de que eu *poderia* cultivar alguma coisa. Com poucas mudanças, como plantar no início da estação e criar uma estratégia mais eficaz para afastar as pragas, poderia obter um resultado melhor. Aquela couve me mostrou que posso sentir decepção e enxergar as possibilidades ao mesmo tempo.

REDEFINA O SUCESSO

Enquanto meu marido e eu trabalhávamos para preparar nossa horta para a primavera seguinte — ironicamente na mesma semana em que meu projeto havia fracassado e eu me sentia a própria derrota —, refletir sobre minha primeira experiência com jardinagem me fez pensar na forma como definimos sucesso.

Muitos enxergam o sucesso levando em conta os resultados: conseguir um ótimo emprego, uma promoção, lançar um grande projeto, encontrar o amor e se casar, comprar a casa dos sonhos etc. Conseguimos essas coisas e — *voilà* — temos sucesso, certo?

Essa ideologia sugere que, se não atingirmos nossas expectativas, não temos sucesso. Mas o que descobri com minhas tentativas de jardinagem — e com buscas mais significativas que discutirei mais tarde — é que o sucesso vai além da definição de atingir um resultado específico.

É isso o que eu quero que consideremos ao seguirmos juntas pelas próximas páginas — que podemos ser bem-sucedidas e ter uma vida maravilhosa *mesmo quando* um objetivo ou sonho leva mais tempo para ser alcançado ou quando as coisas não acontecem como planejamos. Precisamos apenas encarar o sucesso de forma diferente. Precisamos cavar além da superfície para encontrar o que é mais importante e garantir que cresçamos com isso.

Em outras palavras, mesmo que aparentemente tenhamos falhado, se permitirmos que a experiência nos transforme nas mulheres que fomos feitas para ser, teremos sucesso muito além de qualquer conquista superficial.

Podemos obter grandes recompensas mesmo em meio às esperanças, aos planos e às metas que *quase* deram certo e mesmo nas situações mais difíceis. Na verdade, eu diria que nossos contratempos mais dolorosos podem nos preparar para a nossa vocação. Mas apenas *se* permitirmos isso.

Por favor, entenda, não estou tentando encobrir a dor e a decepção extremamente reais que acompanham os contratempos e as decepções. Confie em mim, eu já tive minha própria dose da mágoa que vem com esses sentimentos. Mas, como você verá nos próximos capítulos, seus maiores contratempos podem se tornar os fundamentos para o sucesso nas coisas que mais importam para você. O sucesso *é* possível, mesmo que pareça diferente do que imaginou no início.

O Sucesso não Vem em Tamanho Único

Antes que possamos avançar na redefinição de como vemos e buscamos o que desejamos, precisamos, em primeiro lugar, esclarecer o que o sucesso significa para nós.

O que vem à sua mente quando você pensa em uma mulher de sucesso? Talvez a veja como uma mulher exemplar, usando um batom ousado, com um salário impressionante e um ar de confiança pelo qual você daria qualquer coisa. Parece que tudo o que toca vira ouro, e ela atinge cada meta que estabelece para si mesma. De alguma maneira, ela consegue fazer tudo mantendo seus relacionamentos e gerando receita em perfeito equilíbrio, nunca deixando de vencer qualquer concorrência que entre em jogo — tudo isso enquanto toma um Red Bull após o outro porque, como dizem por aí, *o sucesso nunca dorme.*

Ou talvez você imagine uma mulher de sucesso como alguém que tem uma casinha com cerca branca, filhos lindos e um marido adorável. Ela cozinha refeições de cinco pratos que deixariam uma apresentadora de programas culinários com inveja. Sua casa está sempre limpa e organizada, e ela tem uma horta que produz frutas e legumes que já ganharam prêmios, as quais ela enlata e enfeita com lindos rótulos escritos à mão.

Ou você pode ter alguma outra visão de sucesso. Mas seja qual for a forma como você o imagine, ele vem acompanhado de muitos elogios, certo?

E se você não corresponder à imagem de vida que deseja, pode pensar: *Não sou bem-sucedida o suficiente.*

No entanto, talvez o sucesso não se resuma a termos tudo ou parecermos bem-sucedidas. Em vez disso, o verdadeiro sucesso é encontrado quando conseguimos administrar o que mais importa e, por fim, nos tornarmos quem nascemos para ser. Quando entendemos e abraçamos *esse* tipo de sucesso, podemos aproveitar ao máximo cada momento — e isso é um fato, quer estejamos no auge de grandes conquistas ou nas profundezas da decepção.

Cultivar um jardim durante o que parecia um grande fracasso na minha carreira me ajudou a reavaliar a decepção que estava sentindo. Em termos financeiros, meu projeto não foi exatamente um sucesso estrondoso. Mas e na maneira como me desafiou a estar presente, a apreciar as pequenas coisas, a cuidar da vida que passava bem na minha frente e a reconsiderar meus objetivos? Essa experiência mudou minha abordagem e transformou a forma como canalizava minha ambição. *Esse* foi um crescimento necessário e faz parte do que o sucesso precisa ser.

Você É Ambiciosa?

Agora que já falamos sobre o sucesso, vamos entender como ele se relaciona com a ambição.

ABRACE SUA JORNADA

Quando escuta a palavra *ambição*, no que você pensa? Poderíamos seguir com a definição oficial: "Desejo intenso de obter riquezas, poder, fama etc. Desejo, intenção de alcançar um objetivo; ASPIRAÇÃO."[1] Mas o que isso significa exatamente — em especial no que se refere a ser uma mulher bem-sucedida? Você já notou que, em alguns círculos, a ambição demasiada é considerada uma coisa vergonhosa para uma mulher? Alguns veem uma mulher ambiciosa como uma pessoa altamente competitiva e determinada a passar por cima de qualquer um que se coloque em seu caminho. Outros a veem como alguém disposta a correr grandes riscos, se expor e até sacrificar sua saúde ou família para obter o salário, a promoção ou a popularidade que procura. Afinal, isso se assemelha ao que certos movimentos que dominaram a internet por um tempo nos disseram sobre ambição.

Então, se queremos ser bem-sucedidas, temos que ter *esse tipo* ou *esse nível* de ambição — e se não o tivermos, isso significa que não temos chance de alcançar nossos objetivos?

Acho que não. Não acho que o tipo ou a quantidade de ambição que uma mulher tem deva ser a medida de seu valor ou sucesso, nem acho que ambição é algo do qual ela deveria se envergonhar de ter. Na verdade, acredito que a ambição é um dom que Deus gravou em nosso DNA. Afinal, é a ambição que nos dá a resiliência para recomeçar quando somos derrubados e a determinação para fazer algo significativo com nossa vida — seja em um negócio, na carreira ou no âmbito pessoal.

Por exemplo, aquele impulso que temos para terminar um projeto, alcançar uma meta de saúde ou causar impacto na vida dos outros com o trabalho que fazemos? Isso é ambição.

A verdade é que *todos* nós temos ambição. Talvez ela só seja diferente para cada um de nós. Se você deseja cuidar dos outros ou

---

[1] Aulete. verbete "ambição", >https://aulete.com.br/ambição>.

fazer a diferença em seu espaço, então você é uma mulher cheia de ambição. Mas a ambição pode sair do controle, fazer com que nos comprometamos demais, nos levar ao esgotamento ou, como no meu caso, fazer-nos gastar demais em busca de mais dinheiro ou mais reconhecimento? É claro. E alguns tipos de personalidade são mais suscetíveis a isso do que outras (culpada).

A ambição é uma característica boa e necessária de se ter. Eu apostaria no fato de que você tem um forte desejo de fazer ou alcançar algo significativo, mesmo que não se importe com grandes salários, troféus ou promoções. Eu certamente tenho. Sou uma mulher determinada com uma lista de grandes objetivos que quero realizar tanto na minha vida pessoal quanto profissional. Um de meus maiores sonhos era ter uma família. Não é algo que o mundo normalmente considere glamoroso ou sexy, mas é significativo para mim. Muitos de meus outros sonhos empalidecem em comparação, embora tenha havido momentos em que perdi isso de vista enquanto me esforçava demais para obter conquistas na carreira. Dito isto, no fim das contas, tenho um impulso de construir minha carreira, mas estou ainda mais determinada a cuidar de meu casamento e de minha família.

Talvez ter uma família não seja uma de suas maiores ambições. Talvez você queira ser a primeira mulher a governar seu estado, ter um negócio próspero, mudar o sistema de saúde ou, até mesmo, se tornar uma dançarina profissional. Excelente!

Talvez você tenha grandes sonhos de mudar o mundo, ou talvez tenha sonhos de uma vida simples em uma cidade pequena. Talvez você se encontre em algum lugar entre esses dois sonhos (oi, eu também).

Independentemente disso, a ambição é o impulso que você sente para perseguir esses sonhos e objetivos importantes. Em sua essência, a ambição é realmente pura *determinação*. Determinação é o que usamos para levantar e tentar novamente após uma decepção,

ABRACE SUA JORNADA

para continuar cuidando de um membro da família que está doente quando a esperança diminui, para curar um casamento desfeito, para seguir uma jornada em prol de uma saúde melhor e muito mais.

A determinação — ou ambição — é uma coisa boa. Mas aqui mora o perigo: vivemos em um mundo que nos diz que é possível ter tudo e até dá a entender que *deveríamos* querer tudo. Devemos querer fazer mais, ter mais e ser mais. Somos incentivados a imaginar e materializar, ou concretizar, nossos grandes sonhos — para fazer as coisas acontecerem exatamente como gostaríamos —, como se a vida fosse algo assim tão simples.

Não me entenda mal. Eu concordo com a ideia de termos uma direção a seguir. No entanto, às vezes me pergunto se a ambição, em geral, perdeu o rumo. Talvez tenhamos nos acostumado a acrescentar objetivos e sonhos arbitrários aos nossos só porque alguém tem uma casa de praia chique, um corpo aparentemente perfeito ou um negócio de US$1 milhão, e achamos que gostaríamos de ter o mesmo. Ou, mais provavelmente, porque não temos certeza do que realmente queremos de nossa vida. Então anotamos metas ou acrescentamos ideias que parecem boas aos nossos objetivos e arranjamos a determinação para alcançá-los — com muita chance de nos decepcionarmos no processo.

Mesmo que *sejam* os objetivos certos, quando não conseguimos alcançá-los, nossa decepção pode nos abalar e nos fazer questionar a direção que estamos seguindo. O resultado é que acabamos nos sentindo perdidas, confusas, desencorajadas e totalmente sem direção.

Quando o mundo nos diz que, se apenas seguirmos um checklist e persistirmos nessas metas, podemos ter tudo, é decepcionante — até mesmo abalador — quando as coisas não saem como imaginamos. Quando a realidade teimosamente se recusa a corresponder a essa expectativa, o que fazemos com nossa ambição?

REDEFINA O SUCESSO

Já tive minha quota de decepções e de sonhos interrompidos e postergados, ponderando como ou se eu deveria continuar. Eu me perguntei como manter minha ambição — minha determinação para seguir em frente — depois de decepções frustrantes, descontentamentos irritantes e até perdas dolorosas. Em meio a essas experiências difíceis e desafiadoras, no entanto, descobri uma verdade importante: a vida é mais como um jardim que precisa ser cultivado do que como um jogo a ser vencido. Quanto mais reflito sobre essa verdade, mais vejo como ela é simples e extremamente complexa ao mesmo tempo.

Então, vamos voltar brevemente à minha primeira experiência com jardinagem. A princípio, encarei minha aventura como um jogo: planto as sementes, rego, e as hortaliças crescem. Então, colho e como os vegetais... ganhei! Depois de colher apenas quatro folhas de couve naquele primeiro outono, não tinha certeza se queria tentar novamente. Mas algo dentro de mim — chame isso de ambição — sabia que não poderia desistir ali. Não era um jogo. Era um projeto que precisava de paciência e atenção.

Embora cultivar um jardim ou horta seja um grande projeto, o fracasso obviamente não se compara a ver sonhos mais significativos desaparecerem. Então, como seguimos quando ficamos presos a falhas e decepções sobre as quais talvez não tivéssemos controle? Paramos por um tempo, fixamos nosso foco no que estamos buscando, nos lembramos de por que estamos em busca disso e, se necessário, mudamos de direção ou cavamos profundamente até encontrarmos coragem para continuar — talvez com alguns ajustes em nossa abordagem na próxima vez.

Como você logo aprenderá, sei por experiência própria o quão frustrante é quebrar a cara uma vez após a outra, não importa o que façamos. Sei o quanto dói sentir que, apesar de seus melhores esforços, você ficou em último lugar. Entendo como é difícil esperar. E sei como é sentir a raiva fervilhar quando surge algo que atrapalha todo o seu trabalho, arruína os planos que foram perfeitamente definidos para o *grand finale*, fazendo com que sua vida pareça mais uma história de "quase" felizes para sempre.

Eu sei bem.

Mas também vi os frutos que brotam nas ruínas. Esse tipo de fruto geralmente não cresce de forma rápida, vistosa ou divertida. Na verdade, costuma ser lento e quase sempre passa despercebido, escondido do mundo. É do tipo com raízes profundas — o tipo que molda mulheres ambiciosas como você e eu.

Então, embora eu não tenha todas as respostas sobre o que fazer quando seus sonhos *quase* dão certo, mas não dão, ou quando seus planos acabam em uma dolorosa decepção, tenho um desafio para você. Quando se deparar com um momento decepcionante, ouse fazer a si mesma estas três perguntas:

1. **O que eu quero de verdade?** Em outras palavras, o que o sucesso significa para você? O que você realmente valoriza em um mundo que diz que você deve querer tudo?

2. **Por que quero isso?** Em outras palavras, por que você está perseguindo esse desejo? Para mim, esta é a pergunta mais importante, porque será a base e a ajudará a manter o foco no que mais importa, para que possa perseguir os objetivos certos para *você*. Isso é muito melhor do que se esforçar para fazer algo só porque você viu alguém fazer ou porque sente que tem algo a provar.

3. **Como cuidarei disso?** Em outras palavras, como você cultivará a vida que tem pela frente — mesmo que alguma meta, objetivo ou resultado pareça fora de alcance?

REDEFINA O SUCESSO

Essas três perguntas são essenciais diante da decepção, porque é durante momentos de desilusão que desaceleramos e reavaliamos. Claro, você pode ficar cabisbaixa, desanimar e tentar fingir que não está acontecendo. Ou pode ser corajosa e optar por abraçar o que a experiência lhe trouxe e descobrir que é capaz de viver uma vida da qual gosta, mesmo que não tenha chegado onde imaginava. Sabe por quê? Porque como eu disse antes, a vida é mais como um jardim que precisa ser cultivado do que como um jogo que você precisa vencer. E você só colherá frutos onde plantou, e não onde acha que deveria ter plantado.

2

Abandonando uma Boa Ideia

Você já teve que tomar a decisão de abandonar um sonho ou alguma boa ideia? Eu já, e é uma das decisões mais difíceis de se tomar, porque pode parecer contraproducente, principalmente se tudo parece estar no caminho certo. Nós nos perguntamos *"Por que fazer isso?"*, mesmo que, lá no fundo, saibamos que o que está funcionando agora pode não ser o ideal em longo prazo. Pode ser um relacionamento, uma carreira ou um compromisso que assumimos que parece funcionar no momento (*ele me faz companhia, esse emprego paga as contas* etc.), mas não nos satisfaz, não nos desafia, nem serve a um propósito maior em nossa vida (*ele não compartilha meus valores, o trabalho me esgota* etc.).

Você pode precisar tomar uma decisão difícil: continuará na zona de conforto, mesmo sabendo que isso não é o certo para você? Ou abrirá mão do plano, mesmo que magoe a si mesma ou outra pessoa? Esse é um "quase lá" estranho e, muitas vezes, inevitável — não é algo inesperado que nos derruba, mas um evento que nos obriga a tomar uma decisão consciente. Contarei a história de um sonho que tive que abandonar e por que esse foi um momento decisivo para mim. Embora difícil, essa situação abriu espaço para que Deus me mostrasse qual seria a próxima coisa certa a se fazer.

Uma Empresária Brotava

Voltemos ao meu último ano na faculdade, quando comecei a fazer *letterings* e vender placas decorativas para amigos e familiares. Eu queria incentivar as pessoas a exibir palavras motivacionais em suas casas, em seus casamentos e em seus ambientes de trabalho. Parecia que eu havia nascido com um apreço por boas histórias — por palavras encorajadoras e significativas, escritas de forma criativa e bonita. Quando menina, eu adorava escrever contos, assim como cartas com mensagens positivas para amigos que estavam passando por momentos delicados. E quando conheci Matt, agora meu marido e que, na época, jogava no time de futebol da faculdade, eu lhe escrevia "bilhetes motivacionais", como os chamávamos, para encorajá-lo antes de grandes jogos. Escrevia mensagens motivacionais, como o famoso discurso do treinador de hóquei do filme *Desafio no Gelo*, ou anotava versículos da Bíblia em diferentes fontes e cores. Cada mensagem era diferente. Às vezes eu desenhava o número de Matt no meio da página. Outras vezes, fazia uma colagem com fotos de jogos anteriores.

Depois de ver como as pessoas gostavam de meus artesanatos, Matt sugeriu que eu abrisse uma loja online na plataforma Etsy. Para ser sincera, usar a criatividade era meu escape, e eu não estava muito empolgada com as oportunidades de trabalho na área da saúde que me aguardavam depois da formatura. (Caso você não esteja familiarizada com as lojas na Etsy e a grade curricular do curso de gestão em saúde, devo informar que não poderiam ser mais opostos. São como água e vinho.) Além disso, eu sabia que queria ter flexibilidade no

ABANDONANDO UMA BOA IDEIA

futuro. Então, pensei que começar algo pequeno tornaria isso possível. Assim começou meu primeiro pequeno negócio, uma loja na Etsy chamada SoulScripts.

Quando abri a loja — que ficava literalmente dentro de um armário na casa da minha irmandade (sério!) —, eu não tinha conhecimento técnico sobre vendas ou pequenos negócios. Cresci em uma casa com pais empreendedores, então certamente aprendi algumas coisas durante a infância. No entanto, essa era a extensão de meu conhecimento em negócios, que não parecia suficiente na época — especialmente porque eu estava terminando minha graduação em gestão de saúde, não em empreendedorismo. Minhas aulas não me ensinavam sobre desenvolvimento de produtos, atendimento ao cliente ou taxas de envio.

Durante meu último ano, praticamente tive que grudar meus olhos com fita crepe para mantê-los abertos enquanto terminava alguma lição sobre algo que eu achava incrivelmente chato, como as leis dos planos de saúde. Assim que terminava, subia as escadas até o armário do terceiro andar para trabalhar em meus artesanatos durante toda a noite e parte da madrugada. Enquanto a maioria de meus amigos passava as noites de quinta-feira no bar ou em uma fraternidade próxima, eu me animava ao pesquisar tudo o que podia sobre e-commerce, criava novos produtos, empacotava pedidos e respondia a e-mails de clientes.

No ano seguinte à formatura, a loja cresceu com as vendas de decorações com *letterings* para a casa e casamentos, canecas e muito mais — e meu sonho de ter um pequeno negócio ganhou vida. Nos meses seguintes, comecei a compartilhar histórias mais pessoais nas redes sociais de minha loja sobre como lidar com uma imagem negativa do corpo, sobre desenvolver relacionamentos e sobre fé e amizades, junto com as fotos dos produtos. Por meio da SoulScripts, tive a oportunidade de compartilhar minhas próprias imperfeições, bem como palavras de incentivo que as pessoas leriam, salvariam, compartilhariam e até comprariam para exibir em suas casas, seus eventos ou escritórios.

Ao compartilhar minhas histórias pessoais ao lado de designs e fotos de produtos, recebi milhares e milhares de mensagens de garotas de todo o mundo, as quais falaram sobre suas próprias inseguranças, dificuldades e jornadas de fé. Depois de ler tantas mensagens, decidi publicar um post sobre a importância da comunidade. Nesse post, eu disse casualmente: "Sua imperfeição é bem-vinda aqui". O que basicamente queria dizer "Você não está sozinha" ou "Estou aqui para você".

Não pensei muito sobre o post, até que meu e-mail explodiu com centenas de solicitações de produtos com essa mensagem.

A essa altura, eu havia me formado havia um ano e me casado recentemente com Matt. Não estava apenas administrando uma loja, mas também tinha um blog, autopublicava devocionais e viajava pelo país para falar com universitárias sobre relacionamentos, aceitação pessoal e muito mais.

Conforme a loja crescia e os pedidos de produtos com essa mensagem apareciam, compartilhei algo que aconteceu com uma querida amiga, Katie, que se tornou uma mentora em minha vida. Ela era uma grande apoiadora de meu trabalho e se ofereceu para me ajudar a gerenciar meu pequeno negócio — e adicionar uma linha de roupas à minha empresa!

Nós nos sentamos para discutir como faríamos isso e elaboramos um plano. Eu me concentraria no que fazia melhor: design, marca, marketing e storytelling. Ela se concentraria onde eu não tinha tanta capacidade: fornecimento e impressão de produtos, gerenciamento de estoque e atendimento ao cliente.

Decidimos tentar e ver o que aconteceria. Como teste, criamos dois produtos: um moletom e uma camiseta, ambos estampados com a frase *"Sua imperfeição é bem-vinda aqui"*.

Algumas semanas depois, lançamos os produtos na pequena comunidade virtual que eu tinha na época. Para nossa surpresa, os itens esgotaram em apenas algumas horas. Katie e eu ficamos maravilhadas. Dentro de algumas semanas, reabastecemos o estoque e, novamente, o esgotamos em horas. Enquanto observava os pedidos chegarem, meu queixo quase caía no chão.

O que está acontecendo?

O burburinho gerado nas universidades e nas redes sociais nos levou a migrar do Etsy para uma plataforma de comércio eletrônico mais robusta. Isso, juntamente com a demanda pela mensagem *"Sua imperfeição é bem-vinda aqui"*, fez com que tivéssemos um crescimento rápido e inesperado. Nossa comunidade virtual cresceu. Pedidos de mais variações de produtos entupiam nossas caixas de entrada. Era insano.

Por ser jovem e querer fazer a diferença, com os olhos brilhando de ambição e uma conta bancária que precisava de fundos, eu disse sim a quase tudo.

Você quer que eu faça uma palestra? Feito.

Ah, seu orçamento é pequeno? Não tem problema. Daremos um jeito.

Quer fazer uma gravação sobre o assunto "X"? Topo.

Você quer dez cores de moletom? Aqui estão.

Foi emocionante e exaustivo ao mesmo tempo.

Meus sonhos se tornaram tão grandes e tão empolgantes, que caí na ilusão de que poderia me tornar uma Mulher-Maravilha e correr atrás de todos eles — todos ao mesmo tempo. Antes que percebesse, estava sendo puxada em tantas direções, que havia perdido de vista o que realmente importava para mim, no que precisava focar e em que direção eu *realmente* queria seguir.

Aprendi muito rápido que o verdadeiro sucesso e satisfação em nossa vida não vem de dizer "sim" para tudo, mas de dizer "sim" para as coisas *certas*, e não para as coisas erradas, e de aceitar o crescimento lento e estável.

Isso já aconteceu com você? Quando coisas boas estão acontecendo e você abraça toda e qualquer coisa porque "Ei, não posso perder essa oportunidade"? Mas se fizermos isso de modo imprudente, nossos esforços poderão nos colocar em problemas rapidamente. Quando nos concentramos demais no sucesso, enchendo nossas contas bancárias por medo de não ter o suficiente, ou buscando a aprovação dos outros, isso pode nos levar ao excesso de compromissos, sobrecarga e confusão. E essas coisas são como ervas daninhas que sufocam o crescimento dos bons frutos no jardim de nossa vida.

Quando estiver sobrecarregada, às vezes a coisa mais sábia a fazer é parar, dar um passo atrás e abandonar algumas coisas para que as certas possam florescer.

Às vezes, um "quase lá" envolve a *decisão* de abrir mão de algo — até mesmo de uma coisa boa.

Tomando Decisões Difíceis

Embora muitas pessoas gostassem de como a frase "Sua imperfeição é bem-vinda aqui" *soava*, elas começaram a perguntar o que ela realmente significava ou como deveriam explicá-la a outros quando questionadas.

Estranhamente, eu não sabia exatamente o que dizer. Afinal, não pretendia que a frase fizesse tanto sucesso quando a digitei em uma simples legenda de rede social.

No entanto, ansiosa para dar uma resposta, eu disse algo do tipo "Bem, é como um convite de Deus para aceitarmos quem somos. Podemos fazer esse convite para o mundo". Encontrei um versículo para respaldá-la e percebi que essa era a melhor resposta que eu poderia ter dado. Afinal, se está em um versículo da Bíblia, tem que ser bom, certo?

Senti que essa resposta era melhor — ou talvez soasse mais sagrada — do que dizer o que significava originalmente quando a escrevi, que era "Estou aqui por e com você, independentemente do que esteja passando".

Até hoje, não sei por que senti a necessidade de me desviar da minha intenção original. Suponho que pensei que o significado inicial soava bobo. Ou talvez que não fosse espiritual o suficiente.

Em apenas alguns meses, percebi que a mensagem era mal compreendida com frequência. Via mulheres compartilhando fotos de si mesmas usando a roupa e escrevendo coisas como: "Este moletom me lembra que não há problema em ser um desastre, porque Deus me ama de qualquer maneira!"

Cada vez que via algo assim, eu me encolhia e pensava: *Certo, também é verdade, mas... não é exatamente este o ponto.*

O que era para ser uma mensagem encorajadora de superação e esperança foi se perdendo na tradução. Em vez disso, parecia que muitas pessoas estavam vendo a mensagem como um passe livre para desistir de suas lutas. Mas eu havia imaginado algo completamente diferente — um lembrete de que, mesmo em épocas desafiadoras, podemos encontrar força e determinação para continuar, especialmente se buscarmos apoio na comunidade.

ABRACE SUA JORNADA

Embora me incomodasse que as pessoas não estivessem entendendo a verdadeira mensagem, a loja estava explodindo. A ideia de frear um trem em alta velocidade parecia ridícula. Então continuamos. Eventualmente, adicionávamos vários outros tipos de conteúdo no site— como recursos digitais e grupos comunitários.

Ironicamente, quanto mais trabalhávamos nesse projeto, menos paz eu tinha. Percebi um drama borbulhando em nossos grupos on-line, talvez porque, para muitas pessoas, a mensagem significasse "Posso ser um caos, e está tudo bem! Eu sou bem-vinda como sou". Em outras palavras, algumas pessoas interpretaram a mensagem acolhedora e calorosa como um convite para serem rudes ou mostrarem a pior versão de si mesmas. Seja deixando um comentário sarcástico ou humilhando outro membro do grupo, algumas pessoas queriam que seu mau comportamento ou amargura fosse validado e aprovado.

Não era nada legal.

Honestamente, tudo isso começou a me esgotar. Depois de algum tempo, comecei a perceber que nem *gostava* mais do que estava construindo.

Cerca de três anos depois, eu me vi, aos 24 anos, tentando gerenciar uma equipe em crescimento, manter milhares de clientes satisfeitos, criar novos produtos e programas e construir uma marca que começou a realmente carecer de clareza. Por mais que pudesse parecer um sucesso do lado de fora, a confusão e opressão que experimentei nos bastidores me fizeram questionar se o projeto era realmente tão bem-sucedido quanto parecia.

Digo, é claro que as pessoas adoravam os produtos, e aprendi a me conectar com a comunidade certa por meio das redes sociais. Mas eu ainda não tinha respostas para perguntas básicas: além de apenas inspirar pessoas, qual é o propósito desta empresa? Para qual problema fornecemos uma solução? O que essa mensagem deveria significar?

ABANDONANDO UMA BOA IDEIA

Como podemos garantir que ela seja comunicada da forma mais clara e consistente possível? Para onde estou levando esse projeto?

A confusão e a enorme responsabilidade começaram a pesar sobre mim. Além disso, a pressão para constantemente superar os resultados do último mês ou do ano parecia aumentar. Esses fatores fizeram com que liderar minha equipe, decidir qual seria o próximo lançamento e saber como manter o crescimento da empresa se tornassem difíceis para mim.

Você já vivenciou algo assim? Momentos em que algo com o qual você sonhou realmente começa a dar certo, mas acaba tomando conta de sua vida? Ou quando você continua seguindo em frente, esgotada, mas sem saber para onde ir? Era eu naquele momento.

Comecei a perceber que era possível *parecer* bem-sucedida, mas me sentir infeliz e sem rumo. Se sua experiência interna não bate com sua aparência externa, algo está desalinhado. Até que resolva isso, não importa quanto dinheiro ganhe, quantas pessoas elogiem seu trabalho ou quão incrível tudo *pareça*, você sempre se sentirá *quase* — mas não totalmente — satisfeita.

Com o passar do tempo, eu soube que algo precisava mudar. Então fiz a única coisa que sabia fazer: orei.

Orei por clareza, direção e um plano bem traçado sobre como melhorar o que não estava funcionando para mim. Orei para sair dessa temporada de "quase lá". Queria que as respostas se estendessem como um tapete vermelho para que eu pudesse andar facilmente no caminho que deveria estar seguindo. Mas não foi bem isso que aconteceu.

Nenhuma missão ou mapa para o sucesso caiu em meu colo. Em vez disso, senti que deveria me afastar completamente da SoulScripts. *O quê?*

ABRACE SUA JORNADA

Claro que me pareceu uma bobagem. Por que deveria abrir mão de algo que estava funcionando — algo que era popular e lucrativo? E se a abandonasse, isso significaria que meus esforços haviam sido em vão?

Afinal, estava tão perto de ter sido algo incrível! Se pudesse descobrir como corrigir os mal-entendidos sobre a mensagem, ir com mais calma e me concentrar nas partes de que realmente havia gostado, *talvez* conseguisse continuar. Não queria desistir sabendo que estava *quase* onde precisava estar. Com apenas alguns ajustes, poderia melhorar, não poderia? Então resisti por meses e passei horas e horas pensando em como corrigir, trazer clareza e simplificar tudo.

Quanto mais insistia no projeto, mais sentia que a resposta não era forçar para que funcionasse. Precisei fechar a SoulScripts, pelo menos por um tempo, para me afastar e encontrar a clareza que buscava em minha carreira. Tudo havia acontecido tão rápido, que eu não tinha tido a chance de respirar no processo. Talvez pudesse fazer isso ao me afastar. Eu não tinha certeza se, no fim de toda essa reflexão, a SoulScripts estaria em meu futuro. Só sabia que precisava abrir mão e confiar que Deus tinha um plano.

Cerca de seis meses depois daquela primeira oração, eu finalmente disse à minha pequena equipe que achava que precisávamos fechar as portas da loja e de tudo o que a SoulScripts havia se tornado, e que não sabia se isso seria algo permanente ou temporário. Tudo o que sabia era que não poderíamos considerar reabrir a loja sem que eu tivesse 100% de certeza sobre qual direção tomar e pudesse administrá-la em um ritmo mais sustentável.

Surpreendentemente, eles compreenderam e até apoiaram a decisão. Então, fizemos um plano e, meses depois, em agosto de 2019, pouco mais de quatro anos depois de abrir as portas de uma pequena loja na Etsy, fizemos uma queima de estoque que durou uma semana e fechamos as portas até segunda ordem.

Essa foi uma das decisões simultaneamente mais difíceis e libertadoras que já tive que tomar.

Digo "libertadora" porque, por mais que tenha odiado fazer isso, era como se estivesse respirando pela primeira vez em anos. Curiosamente, acredito que ter tomado essa decisão difícil e ter vivido o momento mais simples que se seguiu me levaram a mais sucesso do que eu jamais poderia ter imaginado. Embora possa parecer contraproducente, abandonar um sonho ou meta talvez possa abrir espaço para algo melhor no futuro.

Como Abrir Mão de um Sonho

Diga-me se isso lhe soa familiar: você precisa abrir mão de alguma coisa, mas continua a se apegar a ela, mesmo que esteja apenas por um fio. Você espera pelo plano perfeito antes de avançar. Quer ter certeza de que está tomando a decisão certa e de que tudo ficará bem quando fizer isso.

Talvez você esteja começando a sentir que a nova cidade para a qual estava tão ansiosa para se mudar não é a melhor opção ou que talvez o diploma para o qual passou anos se preparando não pareça mais fazer sentido. Você sabe que pode ser hora de tentar algo novo, mas continua seguindo no mesmo caminho porque se sente culpada por desistir de um sonho. Eu entendo. É difícil abandonar algo, especialmente algo que parece bom. Você não quer desistir daquilo em que investiu tempo, coração, sangue, suor e lágrimas. Como se tivesse se esforçado tanto por nada. Mesmo que não tenha correspondido às suas esperanças ou não seja algo saudável de continuar fazendo, seguir outro caminho pode parecer uma derrota. Pode parecer que você *quase* conseguiu... mas que não deu certo.

ABRACE SUA JORNADA

Grandes decisões podem ser *difíceis*. E mesmo que seja a melhor decisão, não significa que será fácil. O sucesso verdadeiro e duradouro começa com a renúncia do que não está certo — pelo menos não por enquanto —, mesmo que isso seja difícil.

Você pode estar vivendo uma situação como essa agora. Se não está, provavelmente se deparará com uma decisão assim em algum momento no futuro. Então, quero lhe dar algumas orientações sobre como abrir mão de um sonho, para que, quando isso for necessário, possa deixar Deus agir, abrindo espaço para o novo em sua vida.

1:
Identifique o que É mais Importante e por quê

Não se contente apenas com o que funciona; busque coisas duradouras. Meu amigo Bob Goff me disse isso recentemente, quando o recebi como convidado no meu podcast.[1] Então, minha amiga, compartilho essa lição com você.

Isso é simples e, ao mesmo tempo, bem difícil para muitos de nós. É difícil para mim. Como disse, não tomei a decisão de largar meu primeiro negócio da noite para o dia, especialmente porque não sabia se o traria de volta. Lutei com isso por muito tempo. E você pode estar em uma situação semelhante, tentando descobrir qual é a decisão certa na busca de algo que dure.

No entanto, quando nos deparamos com a decepção de um sonho que não corresponde às nossas expectativas ou com a sobrecarga que vem de tentar fazer um plano dar certo, a coisa mais importante que podemos fazer é dar um passo para trás e nos perguntar: "O que é mais importante nessa situação? O que é mais importante para mim? O que eu realmente valorizo?"

---

[1] Bob Goff, "You Have Permission to Dream Big", entrevista por Jordan Lee Dooley, *She* (podcast), 1º de julho de 2020, <https://jordanleedooley.com/you-have-permission-to-dream-big>.

ABANDONANDO UMA BOA IDEIA

No meu caso, quando se tratava da SoulScripts, minha resposta era: "Clareza e sustentabilidade." Embora o lucro e a popularidade fossem coisas boas, eu sabia que essas não eram as coisas *mais* importantes para mim. O mais importante era ter uma missão clara que pudéssemos administrar e sustentar.

Sua resposta pode ser diferente. Digamos que você esteja em dúvidas com relação ao seu namoro de anos. Mesmo que queira se casar mais do que qualquer coisa no mundo, você pode vir a perceber que o que mais valoriza em um relacionamento é a fé compartilhada. Compartilhar a mesma fé pode ser mais importante do que o companheirismo ou a beleza. Quando se pergunta por que isso é o mais importante, sua resposta pode ser que sua prioridade é a fé em Deus ao criar sua futura família, e você sabe que você e seu parceiro não estão em sintonia nesse sentido. Esse pode ser o sinal para se desprender de algo que foi bom.

Ou você pode estar pensando em se afastar de sua carreira atual porque decidiu que o que mais importa em seu trabalho é ter flexibilidade. Digamos que a carreira na qual você esteja trabalhando não permite a flexibilidade que você agora valoriza ou de que precisa para sua família. Quando começou a trilhar esse caminho cinco anos atrás, você não tinha uma família, de modo que isso não era uma prioridade. Agora *é* sua maior prioridade, e ficou claro que esse velho caminho não é mais por onde você deseja seguir.

Independentemente de sua situação, esclarecer o que mais importa é vital para tomar uma decisão inteligente com confiança.

Ouse acreditar no fato de que, quando abre mão de algo, você abre espaço para que coisas novas (e sonhos novos) cresçam em você e em sua vida. O primeiro passo para abrir mão de algo bom é identificar o que não está alinhado com suas questões mais importantes. Comece sempre por aí.

2:
Avalie e Busque Conselhos

Antes de tomar uma decisão precipitada quando estiver se sentindo sobrecarregada ou emocionalmente instável, pense em alguém a quem você possa recorrer em busca de sabedoria e conselhos. Seja pedindo orientação a Deus, consultando mentores em quem confia, fazendo uma reunião com seu círculo íntimo (cônjuge, melhor amiga etc.) ou todas essas alternativas, reserve tempo para analisar suas considerações.

Descobri que é importante determinar um limite para isso, seja no tempo para tomar a decisão (por exemplo, noventa dias) ou no número de conversas antes de agir (por exemplo, não mais que cinco ou dez). Isso me ajuda a evitar incomodar todo mundo na minha vida ou empacar em um passo que sei que preciso dar.

Por exemplo, quando estava tentando decidir se deveria me afastar da SoulScripts, pedi conselhos a alguns mentores de minha confiança. Nessas conversas, expliquei o que estava funcionando, o que não estava e como me sentia. Além disso, pude admitir que me preocupava em estar desistindo, ao invés de perseverar, e que não sabia como descobrir se abrir mão do projeto seria uma decisão sábia ou tola. Depois de ouvirem o que estava acontecendo e como eu estava como líder e pessoa, eles foram capazes de me dar bons conselhos. Essas conversas me deram a confiança de que dar um passo para trás não era uma decisão indolente, e sim saudável e necessária.

3:
Planeje o que Fazer com o Tempo Livre

Uma das partes mais difíceis de se abrir mão de um sonho é o desconhecido que nos espera do outro lado da decisão. Perguntamo-nos: *E se terminar for uma decisão ruim? E se eu me arrepender ou sentir falta dele depois? O que farei com o tempo livre quando essa pessoa não for mais o foco de minha vida?*

As infinitas hipóteses podem nos levar à paralisia da análise. Claro, não há como prever o futuro ou garantir que ficaremos totalmente felizes com nossa decisão. No entanto, podemos ser intencionais ao elaborar um plano para que saibamos qual caminho seguir. Isso nos permite avançar e administrar a decisão com clareza e confiança.

Por exemplo, quando decidi fechar a SoulScripts, havia muitas coisas que eu não sabia: não sabia se minha comunidade virtual seria solidária ou se ficaria chateada. Não sabia se a SoulScripts ficaria fechada por um mês, um ano, dez anos ou para sempre. Não sabia se sentiria falta dela. Tudo o que sabia era que precisava abrir mão dela se desejasse ver o que Deus tinha reservado para mim.

Com todas as incertezas, a única coisa que me deu paz (e confiança para seguir em frente!) foi elaborar um plano de ação para (1) me apegar à minha decisão e (2) seguir em frente depois disso.

Quando chegou a hora de executar a decisão, minha pequena equipe e eu decidimos fechar a loja com uma queima de estoque. Em seguida, decidimos a data para essa venda (cerca de três meses à frente) e estabelecemos um cronograma claro com as tarefas pendentes. Contamos o estoque restante, reunimos fotos dos itens, fizemos descontos, planejamos um anúncio para as redes sociais e muito mais.

Depois que o plano foi definido, também tirei algum tempo para pensar sobre como administraria o espaço que surgiria na minha agenda quando a loja fechasse. Planejei me dedicar a outros compromissos, como dar palestras e escrever o livro que havia começado, mas que lutava para terminar, porque sempre estava ocupada demais para lhe dar toda a atenção necessária.

Quando você considera abrir mão de um sonho ou outra coisa que era boa em sua vida, o espaço vazio que ele deixa pode parecer intimidador e esmagador. Embora você talvez não tenha um novo namorado, o emprego perfeito, uma nova casa dos sonhos ou a próxima

ABRACE SUA JORNADA

oportunidade esperando por você assim que decidir abrir mão do que não faz mais sentido, tente pensar no futuro e sobre como poderá administrar o espaço que se abrirá em sua vida.

Há coisas que você sempre quis fazer, mas nunca teve tempo, como escrever um livro, treinar para uma maratona, reformar a mobília ou aprender a tocar um instrumento? Talvez abrir espaço em sua vida lhe dê margem para fazer essas coisas. Ao enfrentar a decisão de deixar um sonho de lado ou alguma outra coisa boa, planeje realizar coisas que sempre quis fazer: ter aulas de piano, participar de um clube de corrida ou voltar a estudar. Dessa forma, você terá a sensação de expectativa por algo quando enfim se afastar do trabalho que lhe desgasta, do relacionamento doentio, da casa dos sonhos que se transformou em um poço de gastos ou do que quer que precise se libertar.

Essa pode não ser a solução para todos os sentimentos desconfortáveis que você talvez tenha ao pensar no desconhecido, mas poderá sentir a paz mental de saber que você tem pelo que esperar depois de abrir mão de algo.

Essas são apenas algumas considerações importantes sobre como agir na hora de abrir mão de um sonho ou de alguma outra coisa boa, especialmente quando parece que está quase onde queria estar. Não posso dizer que será fácil. Mas se sua rotina atual não se alinha com o que é mais importante para você, posso lhe dizer que qualquer que seja a decisão que precise tomar, existe um caminho que a levará em frente. E, em retrospectiva, posso afirmar com confiança que *há* algo lindo — ouso dizer, algo *ainda melhor*? — esperando do outro lado, mesmo que você ainda não consiga ver isso.

3

Sonhe de Novo

Sabe de uma coisa? A sabedoria popular estava certa. Bem, *quase* certa. Dizem que, quando você segura seu bebê pela primeira vez, seu mundo inteiro muda.

Mas acho que essa mudança acontece muito antes desse momento. Quando faz xixi em um palitinho e ali vê a confirmação de que uma pequena vida está crescendo dentro de você, todo seu mundo muda *naquele* momento também. Pelo menos, foi o que aconteceu comigo.

Nevava em uma manhã de dezembro de 2019, quando meus olhos se encheram de lágrimas ao passo que eu olhava incrédula para um teste de gravidez positivo.

"É sério?", dizia em voz alta, como se alguém estivesse pregando uma peça em mim, embora estivesse sozinha no banheiro. Parecia tão surreal! Fiz outro teste só para ter certeza. (Sei que não fui a única a fazer isso!) O segundo deu positivo também.

ABRACE SUA JORNADA

Decidi que pensaria em uma maneira especial de contar isso a Matt e rapidamente escondi a embalagem do exame. Era nosso primeiro bebê, e eu queria que fosse inesquecível!

Tentei não deixar transparecer que algo estava acontecendo, e a única coisa fora do comum foi minha decisão aleatória de fazer suco de beterraba naquela manhã. Só para constar, eu nunca havia feito isso na minha vida. Nem mesmo gosto de beterraba, a menos que estejam encharcadas de tanto molho ou queijo de cabra, que você nem sente que ela tem gosto de terra. Mas, no instante em que descobri que meu corpo estava criando outro ser humano, decidi que beberia com alegria, porque beterraba é saudável, e cheguei à conclusão de que eu precisava ser saudável também.

Quando Matt entrou na cozinha e me viu fazendo suco com duas grandes beterrabas como se isso fizesse parte de minha rotina matinal de terça-feira, e ele me olhou de forma engraçada. "O que você está fazendo?"

"Só um pouco de suco de beterraba!", disse eu com confiança.

"Hum, tudo bem", ele respondeu com um olhar perplexo.

Matt foi para outro cômodo pegar suas coisas antes de ir para o trabalho, e soltei um suspiro de alívio, agradecida por ele não ter prolongado o assunto.

Deixe a mulher fazer seu suco de beterraba em paz, está bem?

Depois de terminar meu suco, fui a uma loja de varejo com a missão de encontrar algo fofo que me ajudasse a contar a novidade. Mais tarde, naquela noite, eu o chamei até a sala de estar e disse que tinha um presente de Natal antecipado. Então lhe entreguei uma caixa com um laço no topo.

O rosto dele se iluminou quando abriu a caixa e viu o teste positivo daquela manhã. "Você está falando sério?", perguntou ele, boquiaberto. Acho que "Você está falando sério?" é a resposta mais apropriada para um milagre como esse. Passamos o resto da noite comemorando, descobrindo a data prevista para o nascimento e imaginando como contaríamos a boa notícia às nossas famílias.

Naquela noite, quando fomos dormir, eu me enrolei ao lado dele e disse: "Céus, este parece o ano perfeito. Com tudo o que conseguimos realizar em nossas carreiras e agora terminando o ano com essa novidade? Estou tão, tão grata!"

"Eu também", acrescentou ele, apertando-me com força. "Estou extasiado."

Quando Suas Expectativas São Interrompidas

Algumas semanas depois, desfrutamos de um grande almoço de véspera de Natal com a família de meu marido, no Arizona. Meu sogro me passava alguns pãezinhos, e, como havíamos contado a eles a grande novidade, conversamos sobre o bebê e tudo o que o próximo ano traria.

No meio da refeição, levantei-me para usar o banheiro e notei um leve sangramento.

Não, não, não! Isso não pode estar acontecendo!, pensei.

Eu sabia que o primeiro trimestre era considerado o momento mais arriscado de uma gravidez, mas nunca imaginei que algo poderia dar errado.

Olhei novamente, apenas para verificar se minha mente não estava me pregando peças. Não estava. Meu estômago embrulhou, meu

ABRACE SUA JORNADA

coração disparou e um nó se formou em minha garganta. O medo imediatamente se instalou, e chamei Matt.

Alguns segundos depois, ele bateu à porta. "Está tudo bem?"

Abri a porta com lágrimas nos olhos, mostrei a ele o que vi e disse que queria ir ao pronto-socorro para fazer um ultrassom.

O pronto-socorro era o último lugar onde queria passar a véspera de Natal, mas como estávamos de visita, fora da cidade, e não podia ir à minha médica de confiança, essa era a única opção.

Matt explicou para a família, eu peguei minhas coisas, e deixamos nossas refeições pela metade na mesa enquanto saíamos correndo pela porta.

Quando chegamos ao hospital, anotaram minhas informações e me colocaram em um quarto rapidamente. Tirei meu elegante macacão preto e coloquei uma daquelas camisolas horríveis — você sabe, daquelas que fazem você sentir que está mostrando o traseiro para todo mundo, independentemente do quão bem a amarre.

Alguns minutos depois, uma enfermeira entrou no quarto, checou meus sinais vitais e fez uma série de perguntas.

Logo depois de sair, a médica entrou para se apresentar. Então disse que o técnico de ultrassom viria me buscar em breve e que revisaríamos os resultados do ultrassom juntos.

Matt e eu nos entreolhamos, sentindo-nos mais impotentes do que nunca. Ambos somos empreendedores, solucionadores de problemas e realizadores. Mas *isso*? Não era algo que poderíamos resolver, ou imaginar ou planejar uma saída. Era o que era... e nós dois sabíamos que não havia nada que pudéssemos fazer sobre o que estávamos prestes a descobrir.

Em pouco tempo, um homem entrou na sala. Não qualquer homem. Um homem mal-humorado e de aparência assustadora. Ele se apre-

SONHE DE NOVO

sentou como Fred e me disse que faria um ultrassom transvaginal —
um procedimento bastante invasivo, mesmo em boas circunstâncias.

Feliz Natal para mim.

Ele me posicionou, com Matt ao meu lado, e começou a varredura.
Com meu coração batendo apressado, peguei a mão de Matt e a segurei com força. Segundos depois, Fred apontou para uma oscilação na
tela. "Vê isso? São os batimentos cardíacos."

Os batimentos cardíacos? Oh! Graças a Deus!

Olhei para a tela, joguei a cabeça para trás, afrouxei um pouco o
aperto na mão de Matt e dei um suspiro de alívio. Mas esse alívio rapidamente se transformou em confusão. Tentando juntar as peças, me
virei para Matt e disse: "Espere. Então... o que está acontecendo?"

Antes que Matt pudesse responder, Fred falou: "Bem, você ainda
pode estar abortando." Simples assim.

*O quê...? Obrigada por me tranquilizar, Fred. Não acho que seja
o seu trabalho — nem muito atencioso — compartilhar esse tipo de
informação com uma mãe de primeira viagem que está aterrorizada
(no Natal, para ressaltar!).*

Esperamos cerca de trinta minutos após o ultrassom até que a
médica chegasse para fazer um exame ginecológico. Logo depois, a
enfermeira entrou com os laudos do ultrassom. A médica tirou os
óculos de cima da cabeça e os apoiou no nariz antes de examinar
os papéis.

"Ah, estou vendo", disse ela, e então explicou a origem do sangramento — um pequeno hematoma que pode se formar durante a im-
plantação do óvulo. Então ela explicou que era comum e, muitas vezes, algo que se resolvia naturalmente, mas outras vezes não. Quando
se resolvia, a gravidez progredia normalmente. Quando não, poderia
causar um aborto. Sua única recomendação era pegar leve, ficando de

ABRACE SUA JORNADA

repouso por algumas semanas, na esperança de que o hematoma se resolvesse. E sugeriu que comprássemos alguns absorventes.

No caminho de volta para o hotel, liguei para minha mãe para informá-la sobre o que havia acontecido, e Matt parou no estacionamento de uma farmácia. Como eu estava em uma ligação, ele não me interrompeu para perguntar o que deveria pedir. Entrou na loja e voltou cinco minutos depois carregando uma sacola.

Não pensei muito no fato de não ter dado nenhuma instrução a ele, até que voltamos ao hotel e fui conferir o tipo de absorvente que ele havia comprado. Eram enormes, parecidos com fraldas geriátricas.

Bem, pelos menos ele havia tentado.

Era tarde, na véspera de Natal, e estávamos emocionalmente abalados, então não quis mandá-lo sair novamente. Coloquei o absorvente gigantesco, vesti a calça do pijama e fui para a cama com o resquício de dignidade que me restava.

Na tarde seguinte, vesti uma calça de moletom mais confortável, e fomos visitar a família por algumas horas. No entanto, no segundo em que entrei pela porta e os vi se divertindo, comecei a chorar. Não consegui me conter.

Culpe os hormônios, ou os hormônios e o medo juntos, mas nada parecia bom — e minhas expectativas no que se refere às festas de final de ano foram arrancadas de mim. Ao invés de vislumbrar com alegria o futuro e comemorar, como pensei que faríamos, senti como se estivesse andando sobre alfinetes e agulhas, lutando para permanecer otimista diante de um diagnóstico tão incerto.

É uma loucura o modo como a vida funciona. Um dia estamos no topo, com toda a família comemorando um sonho que se tornava realidade, e no dia seguinte, você pode estar andando como quem pisa em ovos, sabendo que há uma grande chance de perder esse sonho, esperando o melhor, mas se preparando para o pior.

Tenho certeza de que você já se viu nessa montanha-russa em uma situação ou outra. Quando parece que um sonho está prestes a se tornar realidade, algo surge do nada e a derruba. De repente, algo que você pensou que teria fica por um triz, sendo ameaçado por uma doença, um problema econômico ou outro desafio inesperado. E naquele momento, justamente quando você precisa reunir coragem para acreditar que as coisas darão certo, você se dá conta da realidade, a espera por uma resposta parece interminável, e manter a esperança parece tolice.

Com um otimismo cauteloso, passamos a semana seguinte orando sem parar, pedindo aos amigos para que orassem junto conosco e lutando para acreditar que tudo ficaria bem.

Não Está Tudo Bem

No dia seguinte ao retorno da viagem, fui a um exame de ultrassom agendado com uma médica local.

"Você acha que vai ficar tudo bem?", perguntei nervosa a Matt enquanto esperávamos no saguão, como se ele pudesse ver o futuro e soubesse de algo que eu não sabia.

"Creio que sim", respondeu com confiança. "Tudo ficará ótimo."

Não sabia se ele realmente acreditava nisso ou se estava apenas tentando me ajudar a me sentir melhor, mas tentei acreditar nisso com todas as minhas forças. Alguns minutos depois, uma enfermeira nos chamou, e meu coração disparou.

Matt ficou ao meu lado quando o ultrassom começou, e encarei o teto, implorando silenciosamente a Deus para que tudo desse certo. Algum tempo depois, a técnica se inclinou para olhar para a tela mais de perto, ainda sem dizer nada. Matt apertou os olhos para tentar ver qualquer sinal de vida também.

Nenhum deles parecia confiante, e foi aí que eu soube que algo estava errado.

Então, a técnica respirou fundo e disse: "Sinto muito. Não há batimentos cardíacos."

Meu coração se despedaçou, ao passo que apertava a mão de Matt, e tentei reprimir o grito que queria soltar. Olhamos um para o outro, sentindo-nos em choque e impotentes.

Isso não pode estar acontecendo.

A médica entrou e explicou minhas opções, todas igualmente terríveis, e então saiu da sala para nos dar um tempo. Desci da maca do exame, mas meus joelhos fraquejaram, e caí no chão, em lágrimas. Senti como se tivesse levado um soco no estômago. Matt se ajoelhou ao meu lado, passou os braços ao redor do meu corpo, me puxou para seu peito e continuou dizendo: "Sinto muito, querida."

"Não, *eu* sinto muito!", respondi entre lágrimas.

Na saída, a médica me olhou com empatia e me entregou um cartão com seu número de telefone pessoal, caso tivéssemos alguma dúvida. Entrei no carro, incrédula, desejando poder acordar e deixar tudo aquilo para trás. Foi um sonho quase realizado que havia se transformado em um pesadelo.

Esse é o tipo de coisa que acontece com outras pessoas, pensei. *Nunca esperei que fosse acontecer comigo.*

Quando chegamos em casa, subimos para nosso quarto e ficamos deitados ali juntos por um tempo. Olhei para o teto e gritei: "Por que isso, meu Deus?"

Eu descreveria isso como minha versão moderna do Salmo 22:2: "Meu Deus! Eu clamo de dia, mas não respondes; de noite, e não recebo alívio!" O contexto é diferente, mas acho que a pergunta se originou da mesma mágoa, confusão e desespero. Para que serviam todas as orações se simplesmente não eram respondidas?

Enviei uma mensagem para minha mãe e para alguns amigos próximos que estavam orando pela consulta para que soubessem o que havia acontecido.

Comecei a pensar imediatamente onde havia errado para ter causado essa situação.

Teria sido o vinho que havia tomado no Dia de Ação de Graças antes de descobrir que estava grávida?

Quando dei pulos de alegria com a minha mãe depois de ter lhe contado a grande notícia?

Poderia ter sido por causa do sushi que comi na semana em que o bebê foi concebido?

Eu nunca soube que a culpa materna podia ser tão real antes mesmo de se ter experimentado a plenitude da maternidade.

Repassei cada coisa que havia feito nas oito semanas anteriores das quais conseguia me lembrar, tentando, com todas as minhas forças, identificar exatamente por que aquilo havia acontecido, procurando uma resposta que nunca encontraria.

Então, enquanto estava deitada, sentindo-me absolutamente arrasada, comecei a sentir *amargura* de todas as minhas amigas que tiveram gestações aparentemente perfeitas e lindos bebês. Quando me mandavam mensagens de condolências, eu tinha que lutar contra o desejo de revirar os olhos. *Hunf, como se você entendesse.*

Odeio o fato de que pensei dessa maneira, mas estou aqui para ser honesta, não para parecer melhor do que sou.

Além de me sentir incrivelmente triste e decepcionada, também me sentia meio boba. *Por que eu havia criado tanta expectativa? Por que deixei nossas famílias tão animadas e me esforcei tanto para contar a elas com presentes especiais? Fiz tudo aquilo para nada, e agora todos estavam decepcionados!*

Era quase como se eu me sentisse culpada por ter deixado minha família animada com o primeiro neto que nunca teriam a chance de segurar nos braços, especialmente porque meu marido e eu somos os filhos mais velhos de nossas famílias — e nos três primeiros anos do nosso casamento, a única pergunta que todos pareciam fazer era: "Quando os bebês chegarão?"

Acima de tudo, sentia como se estivesse assistindo ao meu sonho de ter uma família sendo rasgado na minha frente, aumentando meu medo natural da maternidade. Não esperava que fosse começar tão mal!

Ao final do longo e doloroso processo físico da perda, também comecei a me sentir defeituosa, especialmente quando me comparava às mães do meu círculo de amizades que nunca haviam passado por isso. Comparada a elas, parecia que eu havia falhado.

Em outras palavras, meu subconsciente transformou algo tão sagrado quanto a maternidade em algo a ser conquistado ou que eu devia provar que era capaz de fazer. Percebi que, ao contrário de tantas outras coisas que lutei para realizar, a maternidade não era algo que eu poderia apenas planejar, controlar e alcançar se esquematizasse direito.

Tenho certeza de que você também já se sentiu um fracasso em alguma área. Talvez como mãe, esposa, amiga, mentora, empresária ou funcionária. Quer já tenha *realmente* falhado ou não, talvez você já tenha sentido a dor que vem de um plano malsucedido ou da destruição da imagem de como seus planos e sonhos *deveriam* ter sido. Ou já assistiu ao mesmo sonho sendo realizado perfeitamente por outras pessoas ao seu redor e sentiu como se sua vez de realizá-lo tivesse sido roubada de você.

Infelizmente, acho que tendemos a vincular nossa identidade às nossas circunstâncias ou experiências. Pelo menos, eu sim. Embora a maioria dos sonhos desfeitos, especialmente a perda, esteja totalmente fora de nosso controle, é quase como se algo dentro de nós parecesse ter culpa pelo plano interrompido ou destruído.

É nesse momento que precisamos mudar nossa perspectiva. É quando poderíamos ouvir o conselho da minha mãe. Deixe-me explicar...

Não É um Teste

Embora muitos aspectos profundos do luto estejam além do sentimento de incapacidade ou frustração que vem com uma perda, este não é um livro sobre luto ou perda. Portanto, embora não haja comparação entre a dor de uma perda devastadora e a decepção por expectativas não atendidas, quero me concentrar no sentimento de fracasso que pode surgir quando algo que esperamos dá errado (especialmente quando não temos culpa de nada).

A maioria de nós já teve que lutar contra a raiva, a dor, a comparação e a confusão para finalmente alcançar a aceitação e a superação quando algo não dá certo e parte nosso coração, fazendo-nos questionar tudo em que acreditávamos.

Eu certamente já vivi isso, especialmente diante da dor mais profunda que já havia sentido. Quando passei por essa perda, minha mãe veio à cidade por alguns dias para cozinhar e ficar comigo. Ela limpou minha casa e foi ao mercado, sentou-se ao meu lado, chorou comigo e escovou o ninho de rato em que meu cabelo havia se transformado. *Uma benção.*

Depois de alguns dias e com alguns bons estímulos que toda mãe sabe dar, ela quis que eu me abrisse sobre o que estava pensando e como estava me sentindo. Eu realmente não sabia como responder, mas admiti que não conseguia tirar a sensação de que havia falhado e decepcionado toda a família.

Ela colocou os braços em volta de mim e me puxou para perto. E, então, disse algo que ficou gravado dentro mim desde então: "Oh, querida, mas você não decepcionou ninguém. Você não falhou. Quer saber por quê?"

Eu funguei. "Por quê?"

"Porque isso não é um teste." Ela deixou essas palavras pesarem por um momento. "Quando se trata de coisas sagradas como esta, você não pode nem ser aprovada nem falhar, porque não é um teste. Não é algo pelo qual você receberá uma medalha de ouro se as coisas acontecerem como espera, e não é algo pelo qual será desqualificada se as coisas não funcionarem exatamente como planejou. Se fosse, *todas* as mães seriam consideradas um fracasso, mesmo que tivessem gestações perfeitas e bebês maravilhosamente saudáveis. E esse não é o caso."

Ela continuou: "Acredito que o verdadeiro sucesso não é medido pela perfeição das coisas ou pelas especificidades de como as coisas funcionam. O sucesso de uma mãe está em quanto ela ama. O verdadeiro sucesso *em qualquer coisa* se resume a como amamos. Você, minha querida, deu tanto amor ao seu primeiro bebê. E isso faz de você uma tremenda mãe."

E lá vêm as lágrimas. Ela estava certa. Quando se trata de nosso maior sonho — seja ele ser mãe, crescer em uma empresa ou resgatar crianças do tráfico humano —, *não é um teste.*

É uma *jornada.* É um *chamado.*

Uma experiência ao longo do caminho — seja uma que se desvia e quebra nosso coração ou uma que termina do modo que queríamos — não é o fator determinante. A verdadeira medida de nosso sucesso é o quanto de amor colocamos em nossos projetos.

E isso me desafia a acreditar que uma vida bem-sucedida é menos sobre alcançar nossos maiores sonhos e mais sobre como amamos e continuamos amando — e continuamos lutando e sonhando — mesmo quando esses sonhos desmoronam.

Olha, eu sei que quando algo bom dá errado — algo que *deveria* ter sido lindo e incrível —, pode ser natural nos concentrarmos em como falhamos ou até mesmo decepcionamos os outros. Também sei que a decepção, o desgosto e os sentimentos de fracasso não são exclusivamente meus ou dessa circunstância. Não é uma experiência isolada, e esses sentimentos surgem em inúmeras situações.

Isso significa que, independentemente de quão grandes sejam nossos sonhos ou quanta motivação ou disciplina tenhamos, não estamos imunes a dificuldades e desafios ao construir uma família, um lar, um negócio, ter um corpo mais saudável, um bom casamento, um currículo ou qualquer outra coisa. Embora as circunstâncias variem, nossos planos, nossas esperanças e nossas aspirações serão inevitavelmente prejudicados de alguma forma em algum momento ou outro, porque vivemos em um mundo imperfeito. E isso vai doer. Algumas vezes, doerá muito mais do que em outras, como no caso de uma perda inesperada.

A boa notícia? Nossos maiores e mais loucos sonhos, embora sejam algo para se administrar com excelência, *não* são meros testes. Quando as coisas não saem conforme o planejado, recebemos o convite para nos aproximar do que é mais importante, redescobrir profundamente quem somos, voltar atrás e continuar a perseguir sem remorso o que nascemos para fazer, mesmo quando só podemos avançar um passinho de cada vez.

Primeiros Passos para Seguir em Frente

Desde que me lembro, o trabalho me motiva, me move. Fazer algo que amava sempre me tirava da cama e me preparava para enfrentar cada dia. O que é incrível! Acredito sinceramente na importância de uma pessoa se sentir realizada no trabalho.

No entanto, o tamanho da dor superou o sentimento de realização de meu trabalho e do compromisso com minhas aspirações profissionais.

Quase duas semanas haviam se passado desde aquele dia terrível no ginecologista, e os dias pareciam um borrão. Eu não sabia como agir normalmente de novo. Sabia que, em algum momento, teria que voltar ao ritmo normal das coisas... mas *como*?

Foi muito difícil priorizar meus compromissos como fazia antes. Perto do que havia acabado de vivenciar, o trabalho parecia terrivelmente insignificante.

Também não queria voltar a trabalhar para me distrair da cura física e emocional que exigia minha atenção. Eu já tinha feito isso antes — evitei abrir espaço para coisas sagradas, difíceis e confusas correndo mais rápido, encontrando mais coisas para fazer e tentando fazer com que eu me sentisse melhor com conquistas que podia controlar. Mas, dessa vez, não agiria assim. Além de essa não parecer uma opção viável, eu não tinha uma motivação real para agir dessa maneira.

No entanto, embora precisasse de espaço e tempo, sabia que precisava seguir em frente de alguma forma. Mas logo percebi que não tinha *ideia* de por onde começar. Qual é o primeiro passo depois de um baque desses? Como você volta a viver sua vida — e a *gostar* de sua vida — quando tudo parece de cabeça para baixo?

Pensei em como teríamos que refazer todos os planos que fizemos para o ano e desmarcar a licença-maternidade que eu havia programado originalmente. Refleti sobre estas questões: *Como posso voltar à minha rotina nos negócios como se nada tivesse acontecido? Como encontro forças para me levantar e dar o meu melhor quando tudo parece sem importância em comparação com o que acabei de vivenciar?*

Compartilhei essa luta com algumas mulheres de confiança em minha vida e percebi que estava essencialmente perguntando: *Como posso seguir em frente a partir daqui, especialmente se tiver que seguir em um caminho que nunca quis trilhar?*

Ao refletir sobre essa questão, com o incentivo de grandes amigas, decidi começar com um passinho de cada vez. Não precisava me jogar de volta e correr atrás de todos meus sonhos profissionais que estavam pausados. Seguir com meus projetos profissionais como fazia antes simplesmente não seria possível ou saudável.

Ao mesmo tempo, não queria apenas me sentar e ficar à deriva por semanas a fio. Então decidi tentar algo enquanto seguia meu caminho de volta. Resolvi fazer uma coisa normal por dia.

Uma coisa normal por dia.

ABRACE SUA JORNADA

Pensar em voltar à vida lentamente fez com que o caminho a percorrer parecesse possível, não insuportável.

Fiz uma lista com algumas das coisas normais que sabia que poderia fazer e atribuí uma para cada um dos próximos cinco dias. Minha lista era mais ou menos assim:

Segunda-feira — fazer uma longa caminhada

Terça-feira — escrever um artigo para o blog

Quarta-feira — responder e-mails de trabalho

Quinta-feira — sair para jantar com uma amiga

Sexta-feira — organizar o escritório

Ver uma semana programada com pequenos e agradáveis passos em direção à minha rotina normal me encorajou. Depois de completar cada um, eu o riscava de minha lista com um sentimento de realização. Por mais banal que possa parecer, alguns dias depois de começar a fazer uma coisa normal por dia, percebi que estava motivada a fazer outras coisas normais também!

Na quarta-feira, eu já me sentia muito mais comprometida com minha vida novamente, então adicionei algumas tarefas que não estavam na agenda. Por exemplo, na quinta-feira, também terminei alguns afazeres administrativos, e na sexta-feira, consegui lavar a roupa e editar um projeto em que havia começado a trabalhar antes do feriado.

Como uma pessoa que costumava ter a agenda abarrotada de afazeres, era um pouco estranho começar com passos tão pequenos. Mas, ao seguir dessa maneira, me senti empoderada e capaz novamente. Começar com algo tão pequeno e normal, como fazer uma longa caminhada antes de sentir vontade de levantar do sofá ou encarar o mundo, me ajudou a fazer com que eu me sentisse como eu mes-

SONHE DE NOVO

ma de novo. Fui transformada pela experiência de muitas maneiras. E, embora a tristeza não tenha simplesmente desaparecido, recuperei um pouco de meu entusiasmo pela vida, um passinho de cada vez.

Esse experimento me ensinou que, quando me sinto presa, o ato de seguir em frente com pequenos passos é muito poderoso. Um pouquinho de progresso é melhor que progresso nenhum, e é sempre melhor começar devagar do que não começar.

A propósito, isso se aplica a tudo na vida, não apenas a superar uma grande mágoa ou reviravolta.

Se você passou por algo difícil e está lutando para encontrar motivação para seguir em frente, comece dando a si mesma permissão para levar o tempo de que precisar. Então dê pequenos passos, mesmo que sejam tão pequenos que pareçam bobos. Se você fizer isso, logo estará sonhando e realmente vivendo de novo.

Não volte imediatamente aos negócios como se nada tivesse acontecido, nem tente se distrair com um milhão de tarefas. À medida que você se sentir pronta, ou até mesmo um pouco antes de se sentir pronta, faça *uma* coisa normal por dia.

Faça sua própria lista de tarefas para os próximos dias. Mapeie pelo menos uma coisa normal e agradável que você planeja fazer diariamente, seja levar ou buscar alguma coisa, arrancar as ervas daninhas do jardim, cozinhar uma deliciosa refeição ou dar uma volta de bicicleta.

Sua Lista de Tarefas Diárias

Por outro lado, se não passou recentemente por um baque por causa de alguma doença ou infortúnio, mas deixou ambições e sonhos em segundo plano por um tempo por causa de decepções do passado ou

ABRACE SUA JORNADA

pelo medo de fracassar, você pode utilizar o mesmo conceito para se apropriar de suas metas novamente, um passo de cada vez.

Em vez de sentir que você precisa "abraçar o mundo" ou "dar tudo de si" agora, considere o que consegue fazer para se aproximar 1% do objetivo com o qual sonha.

Por exemplo, digamos que, há anos, você deseja abrir uma padaria, mas devido à sua agenda abarrotada, algumas tentativas fracassadas e um medo inoportuno, está achando difícil encontrar qualquer tipo de motivação para fazer qualquer coisa além de apenas sonhar acordada.

Primeiro, pergunte a si mesma: *Por que eu quero abrir uma padaria?*

Se você não puder dar uma resposta concreta ou se sua resposta for meio aleatória, como "Bem, alguém disse que sou boa em confeitaria e que eu deveria investir nisso", isso pode ser um sinal de que você precisa pensar duas vezes antes de investir tempo e energia em algo para o qual não tem um propósito claro.

No entanto, se puder dar uma resposta concreta ou apresentar o *motivo* por trás desse sonho, como "sustentar minha família", "fazer algo que me satisfaça" ou "fornecer guloseimas deliciosas e sem glúten a pessoas alérgicas, para que elas possam aproveitar também", então ótimo — você tem uma base sólida sobre a qual apoiar o que deseja fazer. Esse é o seu sinal para prosseguir.

Em vez de fazer tudo de uma vez, crie uma lista com um passo por dia (ou um passo por semana, se precisar ir mais devagar). Vivemos em um mundo que nos diz para tomarmos ações tremendas e resolvermos tudo de uma vez. No entanto, meu lema é "ação gradual, implementável e imperfeita", porque uma ação tremenda parece ser *tremendamente esmagadora*. E, se você não tiver os recursos ou o tempo disponível para tomar medidas gigantes, simplesmente abrindo uma padaria no dia seguinte — como se isso fosse uma coisa fácil de se fazer —, provavelmente não fará nada.

Muitas vezes pensamos que, se não podemos fazer tudo, então não devemos fazer *nada*. Ou caso nossas primeiras tentativas não tenham funcionado como esperávamos, ficamos tentados a jogar a toalha. Muitos de nós não avançamos nos planos que desejamos realizar, porque nossa primeira tentativa não funcionou ou porque nos incentivaram a abraçar o mundo. Mas, como meu amigo Jess Ekstrom certa vez me disse, "[c]omece fazendo algo pequeno em sua própria casa". Eu amo essa ideia — e você?

Ao fazer sua lista de tarefas diárias, pense nas pequenas coisas que pode fazer para avançar, mesmo que não possa abrir uma padaria completa agora.

Sua lista poderia ser algo assim:

Dia 1: Fazer um brainstorming e criar uma receita (como uma massa).

Dia 2: Assar uma fornada da receita.

Dia 3: Oferecer amostras para familiares e amigos, pedir feedback e aperfeiçoar a receita.

Dia 4: Pesquisar lanchonetes e cafeterias locais.

Dia 5: Ligar para esses estabelecimentos e se oferecer para distribuir doces aos clientes.

Dia 6: Para aqueles que disserem sim, decidir quanto você precisará fazer a cada semana.

Dia 7: Criar um adesivo ou embalagem para seus doces para que os clientes saibam que são seus.

Dia 8: Desenvolver um cronograma e um plano para testar seus doces nos estabelecimentos locais.

Claro, isso é apenas um exemplo, mas o ponto é que, em vez de adiar indefinidamente seu sonho, você pode avançar seguindo um ritmo sustentável e de uma maneira que atenda às suas necessidades no momento. Você não precisa levantar dezenas de milhares de dólares em capital inicial nem já ter a sede própria da padaria para começar a trilhar o caminho que deseja seguir.

Dar um passo por dia é ter a disciplina necessária para alcançar nossos sonhos, porque o sucesso não vem de repente. Vem um passo de cada vez.

Com um pequeno passo por dia durante vários dias (ou semanas), você poderá vender seus doces em cafeterias sem precisar realizar o grande ato de abrir sua própria loja. Na verdade, esse pode ser um ponto de partida mais realista para pegar o jeito, evitando a dor de cabeça de encontrar e alugar um local, comprar equipamentos, contratar e gerenciar funcionários e resolver toda a parte burocrática. Se você já tentou abrir uma padaria antes e não deu certo, talvez tentar novamente sem todos esses empecilhos possa resultar em uma experiência positiva.

Os passos maiores podem vir mais tarde, quando você estiver pronta. Enquanto isso, os pequenos planos lhe darão uma direção a seguir e a ajudarão a avaliar (1) se você gosta de trabalhar com isso e (2) se deseja investir mais tempo, talento e recursos para correr atrás desse sonho com mais seriedade.

Talvez você tenha colocado seu sonho ou propósito em segundo plano porque não deu certo no passado, porque tem medo de falhar ou porque algo a forçou a dar uma pausa em sua busca por esse objetivo (como ter que cuidar de um pai idoso ou ter sofrido uma perda). Se for possível fazer isso agora, mas você não sabe por onde começar, crie a lista de passos diários.

Quer você precise criar uma lista de coisas normais para voltar ao ritmo normal de sua vida depois de ter passado por algo realmente difícil ou de uma lista de passos diários para tirar seu sonho da gaveta, reserve algum tempo para isso.

Criar e usar uma dessas ferramentas foi uma disciplina simples que me ajudou a ter o tempo do qual eu precisava sem desistir de meu propósito dado por Deus só porque um infortúnio atrapalhou meu plano. E acredito que essa dica pode fazer o mesmo por você também.

Acima de tudo, quando a vida lhe trouxer dificuldades ou quando seus sonhos não saírem conforme o planejado, repense *por que* você está correndo atrás desse desejo. Em seguida, dê a si mesma permissão para sonhar novamente e seguir em frente quando se sentir travada, mesmo que tenha que começar pequeno e se mover devagar, um passo de cada vez.

4

Sempre na Trave

Recentemente, ouvi uma mensagem de uma amiga. No áudio, ela compartilhou algo que me chamou a atenção: "Sempre sinto que estou *quase* onde quero estar."

Ela prosseguiu dizendo que, independentemente do quanto tentasse, sentia como se sempre lhe faltasse algo importante para chegar ao próximo nível em seu negócio. Ela experimentou todas as estratégias, mas parecia que não tinha tempo nem equipe para chegar aonde achava que deveria estar. Respondi a ela dizendo o quanto me identificava com o sentimento e dei exemplos de quando eu mesma senti que havia estagnado ou que estava perseguindo o que parecia um alvo em movimento.

Ela retornou, dizendo: "É frustrante porque aparentemente estou fazendo as mesmas coisas que todas as outras pessoas que vejo arrasando. Estou fazendo todas as coisas certas. E eu não sei se eles estão conquistando tudo porque têm alguma estratégia secreta que ainda não descobri — embora acredite que esteja familiarizada com todas elas — ou se eles são simplesmente mais organizados e disciplinados que eu."

Isso nos levou a uma longa conversa sobre abundância e escassez, a busca por mais e se estávamos realmente tão atrasadas ou estagnadas quanto parecia. Discutimos sobre como uma mentalidade de abundância pode mostrar tudo de bom em nossa vida, enquanto uma mentalidade de escassez sempre nos diz que o que temos ou o que estamos buscando nunca será suficiente.

Você já acreditou naquela mentira de que quando chegar "aqui" ou "lá", finalmente terá sucesso... apenas para perceber que pode estar perseguindo um alvo em movimento? Já sentiu que está *sempre quase* onde quer estar? Ou como se, no segundo em que você atinge um marco, todos ao seu redor já o ultrapassaram e há outra coisa a ser alcançada? Como se você estivesse sempre tentando acompanhar o passo ou compensar o atraso, nunca se contentando com o lugar onde está?

Talvez você tenha uma casa de três quartos, mas agora sente que precisa de outra com quatro quartos. Talvez sinta que estagnou em sua carreira ou negócio e, independentemente do que tente, simplesmente não consegue avançar para o próximo nível, onde pensou que estaria agora. Você tem talento, energia e experiência... mas algo não se encaixou para tornar seu negócio possível (pelo menos, ainda não).

Você pode estar enfrentando uma luta similar em uma área completamente diferente. Mas tenho certeza de que está familiarizada com a sensação de que nada é suficiente. Quando você pensa que está perto, a linha de chegada parece se distanciar.

O papo com minha amiga me lembrou de uma conversa que tive com meu marido cerca de um ano antes. Fez-me lembrar dos princípios que discutimos, muitos dos quais pude compartilhar com ela. Gostaria de dividir alguns desses princípios com você também.

Quanto É o Suficiente?

Para entender bem a cena, imagine que estou sentada em meu escritório, usando chinelos e calças de moletom furadas (porque sou chique assim), trabalhando com meu marido em nossos negócios e finanças. Era meados de fevereiro, cerca de um mês após nossa perda. Como o ano não havia começado como planejamos e eu não precisaria mais tirar licença-maternidade em agosto, tivemos que rever o calendário e as projeções financeiras para o restante do ano.

Matt apontou para um projeto que eu havia mapeado em um quadro branco. "E este projeto? Qual é a meta de receita?"

Pensei por um segundo e lancei um número bem alto.

Naquele momento, eu esperava que ele escrevesse o número no quadro e começasse a fazer a engenharia reversa de como atingiríamos essa meta, como normalmente fazemos.

Mas ele não o fez. Também não disse se ela estava certa ou errada. Simplesmente me questionou: "Tudo bem. Acredito que seja absolutamente possível... mas estou curioso... *por que* essa é a sua meta?"

Por quê? Uh... Não sei. Acabei de tirar esse número do nada. Ouvi uma colega dizer que recentemente ganhou algo parecido em um projeto, e acho que é uma boa meta a ser alcançada.

Admiti esses pensamentos em voz alta e acrescentei: "Não sei exatamente por que, mas pensei que se atingíssemos esse número, eu poderia contratar os membros adicionais que queria para a equipe, à medida que minhas publicações e o podcast estivessem crescendo."

"Ok", respondeu ele. "É justo. Mas você acabou de passar por muita coisa, e acho importante manter seus níveis de estresse baixos. Não quero ver você passando por mais um ano de agitação e esgotamento sem chegarmos a uma conclusão *do que realmente precisamos para fazer essas coisas.*"

Ele continuou: "Não é errado ter grandes objetivos ou ganhar mais do que precisamos se isso acabar acontecendo, mas não acho que seja saudável nos pressionarmos por isso apenas para fazer algo que *parece* bom. Em vez disso, acho que precisamos questionar nossos objetivos perguntando 'Por quê?' sobre cada um deles. A partir daí, podemos ser específicos e definir o que é o *suficiente* para nós mesmos, para o período que estamos analisando. Dessa forma, não nos esgotamos tentando seguir um ritmo insustentável. Já fizemos isso antes e não precisamos fazer de novo."

Obrigada, Senhor, por ter me abençoado com um marido lógico e racional que nunca se envergonha ou duvida de meus grandes objetivos, mas que também me ajuda a ser realista quando começo a persegui-los a esmo.

Ele foi mais fundo. "Diga: *por que* você quer contratar mais membros para a equipe?"

"Por algumas razões", respondi. "Bem, como você mesmo falou, é importante para mim reduzir meus níveis de estresse e acabar com as ervas daninhas. Além disso, depois de tudo que acabamos de vivenciar, passei a gostar mais de trabalhar em casa e ter uma agenda flexível. Adoraria oferecer oportunidades como essa para outras mulheres, para que elas possam sustentar suas famílias e ter flexibilidade também", expliquei enquanto pensava na mulher mencionada em Provérbios 31.

"Bingo", disse ele. "Temos uma missão clara para conduzir o que estamos fazendo. Agora precisamos determinar de quanto dinheiro *realmente* necessitamos para caminharmos nessa direção este ano."

Então abrimos uma grande planilha, anotamos nossas metas financeiras pessoais e analisamos as necessidades do negócio. Estimamos o orçamento para cada função que eu queria contratar, bem como o investimento que queríamos fazer. Sabe o que descobrimos?

Depois de analisar como esse projeto se encaixava no quadro geral, percebemos que precisaríamos de apenas *metade* do que eu pensava para atingir esses objetivos. Isso me permitiu respirar fundo — um suspiro de alívio. A pressão diminuiu drasticamente simplesmente por nos perguntarmos "Por quê?" e examinarmos nossos objetivos um pouco mais de perto.

Por muito tempo, pensei que precisava ganhar milhões de dólares para fazer as coisas que queria fazer. Isso me levou a correr atrás de objetivos enormes sem saber realmente do quanto eu *precisava* em sentido financeiro para alcançá-los.

Em vez disso, como percebi naquele dia, o que eu podia fazer era começar com meu objetivo em mente, determinar de quais recursos eu realmente precisava, preparar-me adequadamente e garantir que esses recursos fossem alocados com precisão.

"Quanto é o suficiente?" é uma pergunta que sempre precisamos nos fazer. Por coincidência, descobri que, em geral, é diante de expectativas não atendidas ou desgostos que me atrevo a levar essa questão a sério. Quando algo dá errado ou nos derruba, parece que há um interruptor interno que liga e nos obriga a focar o essencial: *Qual é a prioridade e quanto de um determinado recurso (tempo, dinheiro etc.) eu preciso para alcançar a meta?*

Quando não somos desafiados pela dor da decepção ou por momentos de quase conquista, pode ser muito fácil se perder sem ter uma prioridade clara. Assim, de uma maneira estranha e bela, as feridas de nossas decepções mais profundas e as experiências devastadoras podem servir como momentos decisivos que nos ajudam a superar a pressão arbitrária e definir o que é *suficiente* em nossa vida.

Defina o que É Suficiente Se Perguntando: "Por quê?"

Uma das coisas mais importantes que podemos fazer diante de expectativas não atendidas e momentos de "foi por pouco" é aceitar o convite (muitas vezes doloroso) de perguntar-nos "Por quê?", para que não sejamos movidos pela vaidade, comparação ou pressão para atingir uma conquista. Isso é especialmente verdadeiro quando sentimos a necessidade de alcançar a realização ou receber elogios que quase parecem compensar o que quer que não tenha dado certo em nossa vida.

Em outras palavras, quando nos apegamos ao fato de que não precisamos fazer tudo para sermos felizes e, em vez disso, escolhemos acreditar que nossas perdas e decepções mais profundas não nos definem, podemos começar a investir nossos esforços de forma mais intencional. Ao fazer isso, podemos gerar uma existência adorável, repleta de coisas que importam, que causam impacto nos outros, sem nos sobrecarregar e cuidando bem de nossa própria vida.

Isso geralmente começa com a definição do que é *suficiente*.

A disciplina para definir o *suficiente* requer avaliar cada compromisso, tarefa e objetivo que ocupa espaço em nossa vida perguntando-nos: "Por quê? Por que estou fazendo ou buscando isso?"

Em vez de sempre corrermos contra o tempo e nos afundarmos em tarefas, será mais sábio definir metas claras e significativas com base em nossas necessidades, no que temos atualmente e em nosso maior propósito.

Com muita frequência, estabelecemos metas irreais e até desnecessárias, e, como aprendi da maneira mais difícil, isso pode levar à ansiedade e ao esgotamento.

SEMPRE NA TRAVE

Antes da gravidez e da perda, era comum que eu estabelecesse metas enormes para mim mesma. Pensava que ter o suficiente significava ter mais, mais e mais. Muitos de meus objetivos, especialmente os financeiros, foram escolhidos com base no que achava que parecia bom ou no que ouvia outras pessoas dizendo que eram os objetivos *delas*. Embora ainda possa me empolgar demais se não tomar cuidado (pois é, veja meu projeto fracassado, no primeiro capítulo), minha experiência me levou a olhar para meus objetivos enxergando o que mais importava e fazendo mudanças em minha abordagem.

Examine sua própria vida e suas metas. Por exemplo, você já quis perder 5kg porque sua irmã conseguiu? Não me entenda mal. É ótimo ser inspirada e influenciada positivamente por outra pessoa. No entanto, se você se perguntou por que queria perder peso e a única razão foi "Bem, minha irmã perdeu, então eu também preciso perder", poderá ter dificuldade para manter seu comprometimento.

Por que isso acontece? Eu diria que é porque, quando não temos clareza sobre o que realmente precisamos nem um significado mais profundo guiando nossos objetivos, podemos ter mais dificuldade em mantê-los. Além disso, se você estiver definindo metas com base no que *parece* ser bom ou no que vê outras pessoas fazerem, pode não estar realmente perseguindo os objetivos certos para você.

Quando definimos uma meta por uma razão arbitrária ou superficial, podemos descobrir que a coisa em que estamos gastando energia nem está alinhada com nossas próprias prioridades ou necessidades.

Por outro lado, um propósito profundo e duradouro pode estar impulsionando sua ambição, como "Quero perder peso porque sei que cuidar da minha saúde agora aumentará minhas chances de permanecer saudável e disponível para minha família no futuro". Esse é um propósito que vale a pena perseguir, certo? Focar algo maior do

ABRACE SUA JORNADA

que você mesma baseia seu objetivo na gestão de valores reais, e não apenas na comparação ou na vaidade.

Portanto, se você avaliar suas próprias necessidades de saúde, em vez de definir arbitrariamente uma meta para a perda de peso baseada no exemplo de sua irmã, poderá descobrir que precisará perder apenas 2kg. Ou poderá descobrir que precisará perder 7kg para viver de forma mais saudável e satisfazer a razão mais profunda que está prestes a perseguir.

Deixe-me dar outro exemplo. No mundo dos negócios, é comum ouvir sobre a meta do salário de seis dígitos, como se, ao alcançá-la, você chegasse à terra mística do sucesso. Depois de atingir seis dígitos, o objetivo passa a ser atingir sete dígitos. E isso continua indefinidamente. Confie em mim — aprendi por experiência própria que posso me sentir bem mais satisfeita ganhando muito menos se estiver criando uma vida de que gosto e não apenas buscando mais simplesmente para ter mais.

Em outras palavras, um único número, um objetivo ou uma conquista não significa sucesso, nem significa que você se sentirá realizada ou estará presente e disponível para o que mais importa.

Você pode conseguir ganhar um salário de sete dígitos ou mais e ainda se sentir totalmente infeliz, esgotada ou desconectada do que é mais importante para você. Sua motivação não pode ser a meta ou o objetivo em si. Deve ser o *porquê*, o propósito por trás do que você está fazendo, para que ele seja sustentável e valha a pena. Isso torna o objetivo que almeja menos como um troféu para exibir e mais como um veículo que lhe ajudará a alcançar esse objetivo. Afinal, essa satisfação dura apenas um segundo, até que alguém mostre que alcançou algo ainda mais impressionante que você.

Se você determinar que precisa de US$1 milhão para cumprir seu objetivo, ótimo — esse dinheiro servirá como um veículo para realizar a missão. Mas se uma missão clara não estiver vinculada ao dinheiro, a busca arbitrária por mais provavelmente gerará apenas mais estresse. Embora não seja ruim, mais nem sempre é melhor. O marco ou objetivo certo varia para cada um de nós, dependendo de nossas prioridades e do que precisamos para cumprir nosso propósito em um período ou outro da vida.

Minha amiga e eu compartilhamos alguns desses pensamentos enquanto trocávamos mensagens, pensamentos que me condenaram novamente quase um ano depois de minha conversa com Matt e nossa reunião de planejamento financeiro. Na verdade, ao compartilhar esses pensamentos com minha amiga, fui desafiada a fazer um inventário detalhando de que formas eu mesma talvez tivesse deixado de me atentar a eles. Coincidentemente, essa conversa aconteceu apenas algumas semanas depois do lançamento "fracassado" que mencionei no primeiro capítulo. Nem preciso dizer que, às vezes, são necessárias várias experiências para que uma lição realmente entre na minha cabeça dura. Falar sobre esses sentimentos com uma amiga de confiança, bem como refletir sobre tudo o que meu marido e eu havíamos discutido no ano anterior, fez com que eu intencionalmente parasse por um tempo de correr atrás do crescimento ou estabelecer novas metas.

À medida que o verão se aproximava, decidi que tiraria três meses de folga da tentativa de expandir meus negócios, e, em vez disso, usaria esse tempo para me concentrar em administrar e otimizar o que eu já tinha. Cheguei à conclusão de que parte do motivo pelo qual eu raramente me sentia satisfeita talvez fosse o fato de que tenho a tendência de atingir uma meta e estabelecer uma nova logo em seguida, sem me dar o tempo para comemorar ou apreciar o que acabei de alcançar. Então decidi tirar um tempo para sentir que tudo o que eu já havia feito era o suficiente sem me lançar para a próxima meta. E esses três meses foram transformadores para mim. Deixei de ouvir o sussurro constante que ficava no fundo da minha mente e que dizia *Você ainda não chegou lá* ou *Você ainda está para trás*, para olhar para meu trabalho e minha vida e dizer: "Hoje isso é o suficiente."

Então, o que quero dizer? É importante que nos façamos perguntas críticas regularmente, tais como: *Por que esse número, objetivo ou nível? É isso do que eu realmente preciso para chegar onde eu quero ou preciso ir? Ou isso apenas parece atraente?*

Se nos fizermos esse tipo de pergunta com mais frequência, poderemos descobrir que precisamos de menos, que estamos mirando muito baixo ou — como fiz quando estava trocando mensagens sobre o assunto com minha amiga — que estamos exatamente onde deveríamos estar.

Para definir quanto é o *suficiente* e perseguir os objetivos certos para nós mesmas, especialmente quando a vida nos coloca em uma encruzilhada ou nos derruba, precisamos nos fazer as seguintes perguntas:

- *O que espero alcançar?*
- *Por que quero conseguir isso? Por que estou fazendo isso?*
- *Como chegarei lá? Do que precisarei para atingir esse objetivo?*

Se você está perseguindo algo já há algum tempo ou enfrentou uma decepção ou revés recentemente, este é o convite para reavaliar tudo o que está à sua frente. Você gosta do que tem? Alguma coisa precisa mudar? Analise cada meta e compromisso e, em seguida, procure se lembrar do motivo de ter começado a correr atrás deles para determinar se os objetivos que você almeja ainda estão alinhados com seu propósito.

SEMPRE NA TRAVE

No caso daqueles que estiverem, defina os que parecem ser suficientes para você e faça um plano para conduzi-los com foco e excelência.

No caso daqueles que não estiverem, simplesmente pare de olhar para o que todo mundo está fazendo. Em vez disso, restrinja seu foco, refine seus objetivos com base nas *suas* necessidades e, depois, considere como os buscará a partir de um propósito, e não da pressão para provar algo para pessoas que têm a própria vida com a qual se preocupar.

E lembre-se: definir o que é *suficiente* não é, de forma alguma, contentar-se com pouco ou apostar baixo. É lutar pela felicidade em um mundo que constantemente nos diz para nunca estarmos contentes com o que já temos e que, se estamos contentes, deve ser porque somos complacentes. Nada poderia estar mais longe da verdade. Complacência e contentamento são duas mentalidades completamente diferentes. A primeira carece de direção e intenção. A outra está cheia de ambos.

A escolha de definir o que é *suficiente* — buscar aquilo com que você realmente se importa e de que precisa — não é o caminho mais fácil. Em uma cultura em que sempre se ouve frases como "quanto mais, melhor", essa nova mentalidade é uma maneira de nadar contra a correnteza. A verdade seja dita: isso não é importante apenas quando somos confrontados com quase-sucessos e incertezas. Também precisamos de disciplina quando se trata de nossa prosperidade diária e da construção de uma vida de que realmente gostamos.

5

Quando as Coisas não Acontecem Como o Planejado (de Novo)

Sabe quando um projeto dá completamente errado e, no momento em que você está prestes a recuperar o fôlego e começa a avançar com um novo plano, algo destrói essa nova ideia também? Eu também.

Estava a caminho de um evento, em meados de março de 2020, preparando-me para dar uma palestra para cerca de 6 mil universitários. Matt decidiu ir comigo. Infelizmente, não havia voos diretos disponíveis e, com conexões e escalas, levaria mais tempo para voar do que se fôssemos dirigindo. Então optamos por enfrentar uma longa viagem de estrada juntos.

Já havíamos percorrido mais da metade do caminho quando uma amiga me mandou uma mensagem: "Você ainda vai palestrar com o mundo inteiro indo à loucura?"

Li o texto em voz alta. "O que ela quer dizer?" Eu sabia que a Covid-19 havia começado a atingir os Estados Unidos, mas não tinha

75

ouvido nada que sugerisse que o mundo inteiro estava "indo à loucura". Olhei para Matt. "Está tão ruim assim?"

Matt deu de ombros, voltei a atenção para meu celular e mandei uma mensagem: "Não estou prestando muita atenção nas notícias, mas ficaremos ligados a partir de agora."

Cinco minutos depois, recebi uma notificação nas redes sociais. Eu havia sido marcada pela organização da palestra da manhã seguinte. Era um post promocional, destacando-me como oradora principal. Mas foram os comentários que me chamaram a atenção: estudantes preocupados, protestando contra o evento.

Esta não é exatamente uma boa e calorosa recepção.

Comecei a ler os comentários e, então, tive a primeira impressão de que mundo estava "indo à loucura".

> "O governador acabou de proibir grandes eventos no estado! Esse também deveria ser cancelado!"
>
> "Vocês querem que todos nós fiquemos doentes e morramos?"
>
> "A organização não entendeu o que está acontecendo no mundo? Sem aglomerações!"
>
> "Cancelaram o Campeonato de Basquetebol Masculino da NCAA. Por que *esse evento* não foi cancelado?"

Eu reli esse último. *Cancelaram o Campeonato de Basquete da NCAA? Eles podem fazer isso? É permitido?*

Comentários como esse me fizeram buscar informações (outra maneira de dizer que joguei no Google) sobre o que estava acontecendo.

Como disse, eu tinha ouvido falar sobre a Covid-19 antes da viagem, mas ninguém parecia muito preocupado com isso até que, de repente, todos entraram em pânico. Não houve uma transição. Um dia estávamos todos tranquilos. *Hunf, não é grande coisa. Não é tão grave.* No dia seguinte, fecharam a Disney, e praticamente o país inteiro parou.

Seguimos para nosso destino. Mas, depois de chegarmos à cidade naquela noite, soubemos que o evento presencial seria cancelado. Em vez disso, eu faria uma palestra transmitida ao vivo pela internet. Esperei meses por esse evento e, embora não fosse uma catástrofe em comparação com as outras coisas que estavam acontecendo no mundo, parecia uma grande decepção, especialmente depois de viajar para tão longe!

Apesar de não ter sido o plano original, tudo acabou correndo bem. Quando voltamos para casa na noite seguinte, o presidente declarou estado de emergência nacional e o governador decretou isolamento social por duas semanas, para que todos ficassem em casa.

Assim como todo mundo, eu não tinha certeza do que fazer. A única coisa que sabia era que meus planos estavam prestes a virar de cabeça para baixo mais uma vez. Comecei a me perguntar se havia algum motivo para planejar meu ano afinal...

Quando um Plano Após o Outro Desmorona

Poucos dias depois, após pirar completamente e, devido ao estresse, acabar comendo um pote inteiro de sorvete, me recompus e convoquei uma reunião com minha pequena equipe. Tínhamos programado um projeto bem grande para ser lançado em algumas semanas e precisávamos discutir um plano de ação alternativo.

Ocorreu-me que estávamos prestes a perder muito dinheiro e o tempo que investimos nesse projeto. Tínhamos quase (mas não de fato) terminado de fazer um novo planejamento, e, naquela altura, as coisas já estavam se desviando. Isso significava que precisávamos adaptar nosso plano. Então nos reunimos em uma videochamada para discutir nossas opções.

Após minha perda alguns meses antes, já tínhamos refeito nossos planos para o ano. E agora outra coisa havia surgido e arruinado os novos planos também.

Argh! Era tão enlouquecedor.

Houve algo que não enxerguei naquele momento de frustração e estresse, mas vejo agora: com aquelas experiências consecutivas, que me forçaram a replanejar um ano inteiro por duas vezes no primeiro trimestre, estava aprendendo a me desprender da posição de controle de maneiras que nunca tinha feito antes.

Costumo dizer que as lições mais importantes são as mais difíceis de se aprender, e tanto os sonhos atrasados quanto os interrompidos apenas solidificaram essa crença em mim. Algumas lições — aquelas que tocam a essência do nosso ser — vêm da maneira mais difícil, à medida que aprendemos a nos adaptar e aproveitar ao máximo as circunstâncias que enfrentamos.

Eu me pergunto se, talvez, algumas dessas experiências não foram apenas infortúnios, mas também convites para confiar em Deus e crescer de uma maneira que poderia não ter notado caso ainda tivesse a ilusão de que, se planejasse ou fizesse o suficiente, manteria o controle total.

Para ser clara, detesto sentir que não tenho controle das coisas. Gosto de saber exatamente como elas acontecerão e poder escolher o que farei. Eu já havia sentido aquela sensação de descontrole com o aborto espontâneo. Uma vez era o suficiente para o ano, muito obrigada.

Embora não desejasse entrar voluntariamente nessa situação em que não tivesse o controle das coisas novamente, desde então, vi como coisas boas e inesperadas podem brotar de minha capacidade de ser adaptável.

Por um lado, essa situação me ajudou a aprender os benefícios dos planos em curto prazo. Também me desafiou a abrir mão, me desprender um pouquinho do controle e aprender novas maneiras de resolver os problemas.

Além disso, fui mais uma vez forçada a reavaliar meus objetivos e sonhos.

Quais desses projetos e metas são realmente necessários? Quais estão alinhados com o caminho que quero seguir e quais não estão?

À medida que avançávamos, comecei a pensar mais criticamente sobre com o que eu queria avançar e em que precisava dar uma pausa. O que serviria melhor para minha equipe, minha vida, minha família e minha comunidade em meio a essas circunstâncias inesperadas?

Quando se trata de nossas esperanças, planos, ambições e sonhos, a verdade é que temos controle sobre apenas algumas coisas importantes: o *que* escolhemos focar, *por que* escolhemos as coisas que fazemos e *como* respondemos quando os planos dão certo e quando não dão.

Está bem, está bem. Isso soa ótimo e tudo o mais, mas posso ser honesta? Não costumo pensar muito nessas respostas quando algo dá errado. Apenas reajo — às vezes, emocionalmente. Às vezes, tomo um litro de sorvete, pelo amor de Deus! Perdas e decepções reais vêm com consequências *reais*. Então, quando os planos desmoronam, geralmente não penso logicamente nem tenho uma resposta fria, calma e controlada — pelo menos não imediatamente. Afinal, não sou um robô. Em vez disso, é mais provável que eu entre em um ciclo descontrolado com todas as perguntas mais difíceis em que poderia pensar: *Por que isso está acontecendo? O que devo fazer agora?* Somente depois de processar todas as emoções que a situação me causa é que consigo me recompor e responder bem.

Então, se você também é um ser humano, o melhor incentivo que posso lhe oferecer é dar a si mesma a graça e o espaço para reconhecer seus medos, frustrações e outros sentimentos que surgem quando enfrenta contratempos ou decepções. Então, quando enlouquecer por um minuto, respire fundo e pergunte a si mesma: *Qual é o melhor próximo passo que posso dar? Como posso aproveitar ao máximo esse quase sucesso?*

Agora, olhando para trás, mais de um ano depois, posso ver que essas interrupções que me forçaram a replanejar resultaram em algumas coisas boas, tanto para meu trabalho quanto para minha vida pessoal. Como estava disposta a me adaptar — tudo bem, fui forçada a isso —, fiz menos projetos, mas, no final, senti que realizei um trabalho mais significativo do que nunca porque não estava muito dispersa.

E não posso deixar de pensar que esse foi um presente que não havia pedido, mas do qual realmente estava precisando.

Navegando no Imprevisível

Vamos encarar. *Tudo* é imprevisível. Nossa próxima experiência de quase sucesso pode estar à espreita na esquina. Claro, alguns casos têm mais variáveis que outros, mas cada um pode apresentar seus próprios desafios. A verdade é que a escola não nos prepara para tudo o que a

QUANDO AS COISAS NÃO ACONTECEM COMO O PLANEJADO...

vida pode colocar em nosso caminho — como o aborto, finanças pessoais e pandemias.

Mas o que aprendi é que, mesmo quando as coisas *parecem* estáveis e seguras, é sábio não cair na ilusão de que estamos no controle de tudo. Existem escolhas que estão sob nosso controle? *Claro.* Podemos melhorar ou piorar nossa vida com base nas escolhas que fazemos? *Na maior parte do tempo.* No entanto, incontáveis fatores estão tão além do nosso controle, e mesmo com nossos melhores esforços, podemos apenas nos aproximar da linha de chegada de nossos planos ou metas. Quando aceitamos que poucas coisas são realmente estáveis, temos mais adaptabilidade para lidar com expectativas não atendidas e planos destruídos.

Com isso em mente, quero compartilhar algumas lições importantes que me ajudaram a lidar com interrupções inesperadas e expectativas não atendidas. Seja você uma planejadora por natureza ou não, essas etapas podem suavizar o baque quando, não importa o que tente, as coisas simplesmente não saem conforme o planejado.

Defina Planos de Curto Prazo

Durante a reunião com minha equipe, quando o *lockdown* começou, eu sabia que precisava abordar o planejamento de maneira diferente. Então, em vez de tentar replanejar um ano inteiro pela terceira vez enquanto enfrentávamos um futuro extremamente incerto, nos concentramos em planejar os próximos noventa dias — e *apenas* os próximos noventa dias. Dado como os meses anteriores haviam passado, seria um desperdício de energia tentar bolar um plano perfeito para o resto do ano.

Por meio desse exercício, descobri que o planejamento mensal ou trimestral me ajuda a manter o foco e a permanecer flexível. Eu costumava planejar meu ano inteiro, mas doze meses é tempo suficiente para que as coisas — as circunstâncias, as prioridades, a competência, o mundo ao meu redor — mudem drasticamente. Quando espero que um ano inteiro corra conforme o planejado, acabo tentando controlar as coisas, em vez de administrar efetivamente o que está bem na minha frente.

Isso não quer dizer que estabelecer metas para o ano todo não seja sensato. Na verdade, eu diria que é. No entanto, planejar cada um dos próximos doze meses realmente só me deixava frustrada e desapontada diante de expectativas não atendidas. Agora eu planejo trimestres. Assim, consigo prever possibilidades para o futuro, mas tento não gravar em pedra nada além dos noventa dias à minha frente — até essa pedra, muitas vezes, parece mais com cimento fresco.

Meu conselho? Defina algumas metas, mas, tanto quanto possível, planeje os detalhes para alcançá-las um passo de cada vez. Você pode descobrir que consegue ser mais focada e intencional com essa janela mais curta de tempo e menos dependente de expectativas para o futuro. Essa abordagem combina muito bem a sabedoria do planejamento com a liberdade e extravagância de viver um dia de cada vez.

Concentre-se em Fazer Menos, mas Fazer Melhor

Enquanto minha pequena equipe discutia sobre o futuro, também concordamos em nos concentrar em apenas algumas coisas. Por exemplo, para os próximos noventa dias, planejamos nos aprofundar em apenas dois projetos: um novo e um em andamento. O projeto em andamento era o meu podcast, e o novo projeto era um conjunto de workshops que

QUANDO AS COISAS NÃO ACONTECEM COMO O PLANEJADO...

acreditávamos que serviriam à minha comunidade com as novas necessidades que tinham em meio a todas as mudanças com a pandemia.

Em vez de tentar compensar a perda de lucros e as metas quase alcançadas tentando fazer de tudo, decidimos nos concentrar em trabalhar apenas em duas coisas, mas trabalhar muito, muito bem.

Aprendi da maneira mais difícil que sentir a verdadeira satisfação, vivendo de uma maneira que se alinhe também à nossa visão pessoal de sucesso, exige de nós *concentração*. Quando nossas ambições começam a nos deixar levar e tentamos forçar algo a dar certo, quando os planos precisam mudar — ou perseguimos um milhão de sonhos ao mesmo tempo —, falhamos em fazer qualquer coisa bem feita. A imprevisibilidade que enfrentamos na vida destaca a importância de focar poucas coisas de cada vez e fazê-las bem.

Isso se aplica a mais coisas que apenas planos profissionais. Por exemplo, se você alguma vez planejou melhorar sua saúde, talvez tenha acreditado que, para isso, precisava ir com tudo. Em nosso mundo, onde é tudo ou nada, pode parecer que, para isso, você precisa se inscrever em aulas de ginástica, comer mais vegetais, tomar suplementos, dormir oito horas por noite e cortar açúcar, cafeína e praticamente tudo. *E* começar tudo *agora*. Isso é muita coisa.

E, sim, você pode ser capaz de sustentar essa rotina por algum tempo. Mas se a vida rolar e uma situação qualquer atrasar ou tornar mais difícil fazer *todas essas coisas*, você poderá se sentir desanimada. Poderá até se sentir tentada a desistir completamente.

Em vez de ir de cabeça, apenas para pensar em desistir quando a vida real bater à porta, considere uma ou duas mudanças em sua rotina nas quais possa se concentrar até que elas se tornem *hábitos*. Você consegue ter foco para fazer aulas de ginástica e reduzir o estresse pelos próximos noventa dias? E acrescentar alguma outra mudança depois de alguns meses? Essa abordagem lhe ajudará a cultivar o jardim de sua saúde sem que você se sinta forçada a fazer as coisas darem certo de um modo que não é gerenciável nem agradável.

Quando podemos nos concentrar sem que nossa lista esteja cheia, temos mais capacidade para ser flexíveis. Em outras palavras, podemos ajustar nossa abordagem sem jogar a toalha quando as circunstâncias mudam.

A vida quase sempre nos apresenta um desafio — ou dois ou doze — quando menos esperamos. Se formos inflexíveis em relação aos nossos planos, esses desafios nos derrubarão. Mas se deixarmos um pouco de espaço para mudanças inesperadas, planejarmos metas de curto prazo e permanecermos atentas para fazer bem as coisas mais importantes, podemos lidar com eles.

Mesmo que não consiga se lembrar de mais nada, lembre-se disso: planeje, mas mantenha a mente aberta para mudanças. Porque o sucesso não significa apenas que tudo aconteceu exatamente como planejamos; significa também que cuidamos do que está bem na nossa frente, mesmo quando nossos planos não saíram conforme o planejado.

6

Quando um Sonho Se Torna um Eterno Pesadelo

Era uma manhã de abril, apenas alguns meses depois do aborto que eu havia sofrido. Eu estava no meu banheiro, olhando para outro teste de gravidez positivo.

Caí de joelhos. "Oh, obrigada, Jesus!", sussurrei.

Depois de contar a Matt e comemorar em videochamada com nossas famílias, liguei para minha médica. Ela me pediu para fazer um exame de sangue imediatamente. Para meu alívio, meus resultados aparentemente estavam bons. Soltei um enorme suspiro de alívio.

Além de alguns desejos, fadiga e náuseas que iam e vinham, o primeiro trimestre transcorreu sem complicações. Eu fazia ultrassonografia a cada duas semanas para monitorar o avanço e tranquilizar minha mente. Tudo parecia estar progredindo de modo perfeito.

Com onze semanas de gravidez, o ultrassom mostrava braços, pernas, mãos e pés se movimentando. Podíamos até identificar o nariz e o queixinho. Tudo finalmente começou a parecer real, e fui baixando minha guarda.

Mais tarde, naquele dia, houve uma tempestade de verão. Depois que passou, Matt e eu vimos um arco-íris perfeito sobre o campo, bem na frente de nossa casa. Matt correu para dentro, pegou as imagens do ultrassom e disse: "Fique sob o arco-íris e segure isto! Quero tirar uma foto sua com nosso bebê arco-íris debaixo do arco-íris!" (Para contextualizar, as pessoas chamam o bebê que vem depois de uma perda de "bebê arco-íris", porque é como uma bênção depois da tempestade.)

Meu coração quase explodiu de felicidade quando me virei para o lado, coloquei uma mão sob a pequena protuberância que havia começado a se formar em minha barriga e segurei o ultrassom na outra mão. Era simplesmente perfeito demais, como um sinal de Deus de que tudo daria certo desta vez.

Depois que voltamos para casa, olhei para Matt e falei: "Sabe, pela primeira vez eu realmente acredito que tudo vai ficar bem."

Ele sorriu para mim. "É o que tenho dito. Estou tão feliz que pense assim também!"

Quando o Sonho Se Estilhaça Novamente

Você já se sentiu presa em um looping — como se toda vez que seu sonho quase se tornasse realidade, seus maiores medos se materializassem em seu lugar? Eu já me senti assim. E é a pior coisa.

Na 12ª semana de gravidez, fizemos uma sessão de fotos usando as imagens mais recentes do ultrassom para que pudéssemos anun-

QUANDO UM SONHO SE TORNA UM ETERNO PESADELO

ciar nas redes sociais na semana seguinte. No dia anterior àquele em que planejamos contar ao mundo nossa grande novidade, fomos fazer outro check-up em nosso bebê, no qual ouviríamos seu batimento cardíaco com um doppler fetal. Matt pegou seu celular para gravar o precioso som enquanto eu estava deitada na maca, confiante e animada para ouvir.

Mais ou menos um minuto se passou, e notei que a testa da enfermeira estava franzida enquanto procurava pelo som, movendo o aparelhinho sobre minha barriga.

"Tenho certeza de que está tudo bem", disse ela. "Talvez eu não esteja fazendo da maneira certa. Deixe-me chamar a médica para tentar com o ultrassom."

Poderíamos realmente estar nesta situação de novo? Sem chance. O exame nos mostrará que está tudo bem. Tem que estar.

Alguns minutos depois, a médica ligou a máquina de ultrassom e começou a varredura. Foi quando eu soube que algo devia estar errado. Matt estava ao meu lado enquanto olhávamos para a tela, procurando por qualquer sinal de vida.

O corpo do bebê estava maior do que no último exame, mas imóvel. Não havia nenhum movimento ou sinal do batimento cardíaco, como havíamos visto algumas semanas antes.

Meu coração se partiu em mil pedaços. *Isso não pode estar acontecendo de novo!*

Prendi a respiração e esperei que a médica confirmasse a notícia que eu mais temia: havia perdido *outro* bebê — desta vez, um que carreguei por três meses. Três meses é muito tempo para se relacionar com seu bebê ainda na barriga. Nós já tínhamos tirado fotos para fazer o anúncio, minha mãe e uma amiga próxima já tinham começado a planejar meu chá de bebê, e eu havia relaxado e me permitido

ABRACE SUA JORNADA

amar — ser vulnerável. Naquele momento, me arrependi de ter ficado empolgada e acreditar que tudo ficaria bem.

Com lágrimas escorrendo pelo rosto, juntei minhas coisas, e Matt e eu saímos correndo pela porta da frente do consultório médico, passando por todas as grávidas felizes na sala de espera.

Quando paramos na garagem de casa, nós dois aos prantos, pensei: *Estamos presos em um eterno pesadelo.*

Saí do carro e desabei no quintal, gritando para o céu: "Por quê? E o arco-íris, Deus? Hein? Por que o Senhor faria isso?"

Se você nunca passou por isso, essa cena pode parecer dramática. Mas realmente parecia que meu mundo inteiro estava desmoronando. Uma mistura de tristeza, hormônios e choque fez dos dias seguintes um borrão absoluto. Estava tão irritada e confusa, que não conseguia expressar meus sentimentos. Normalmente, processo coisas difíceis saindo para correr ou fazendo algum tipo de exercício. Infelizmente, devido ao elemento físico do que estava vivenciando, correr não era uma opção.

Nesse caso, a única maneira que eu conhecia para liberar qualquer sentimento sem causar nenhum dano sério era quebrando pratos velhos no concreto. Então, foi o que fiz. Na noite anterior à minha curetagem uterina, que mal podia acreditar que precisaria fazer, abri os armários da cozinha e encontrei alguns pratos turquesas antigos dos quais nunca gostei muito. Peguei-os da prateleira, caminhei até a varanda da frente e, com lágrimas enchendo meus olhos, joguei-os no concreto enquanto soltava um som que só posso descrever como um rugido.

Cada prato quebrou no segundo em que atingiu o pavimento, e cacos de cerâmica turquesa cobriram a calçada à minha frente.

QUANDO UM SONHO SE TORNA UM ETERNO PESADELO

Eu parecia uma lunática para meus vizinhos? Sim, provavelmente.

Eu me importei naquele momento? Não.

Quando a merda atinge o ventilador, quando a dor queima cada fibra do seu ser, você realmente não se importa com o que as pessoas pensam a seu respeito.

Pode me chamar de louca, mas havia algo simbólico naquilo também. Em absoluta descrença, olhei para os cacos — pedaços quebrados que pareciam representar com precisão o meu coração de mãe, minhas esperanças e meus sonhos.

O que você faz quando a vida estilhaça seu coração repetida vezes? Quando, em vez de conseguir aquilo pelo que orou, acaba se sentindo mais como um caco no chão?

Talvez, em um mundo que nos diz para nos recompor e seguir com a vida, precisemos passar a reconhecer quando estamos machucadas, quebradas e não estamos bem.

Algumas semanas depois, quando comecei a ir à terapia para trabalhar meu trauma (deixei de fora a maioria dos detalhes para minimizar possíveis gatilhos), a terapeuta validou minha decisão de ter quebrado pratos, explicando que a maneira mais saudável de ganhar força e seguir em frente é reconhecendo a emoção que estamos vivenciando e deixá-la sair de forma saudável. Caso contrário, ela só será extravasada mais tarde de outras maneiras, muitas delas doentias, e que podem prejudicar relacionamentos ou outras partes importantes de nossa vida.

A História da Minha Vida

Deitada na cama, no dia seguinte à curetagem, olhei para Matt do outro lado do quarto, enquanto ele separava roupas para lavar. "Eu preciso sair daqui."

O quarto, o cobertor, a familiaridade de minha própria casa pareciam me sufocar, lembrando-me do que havia perdido e não podia recuperar.

"Tudo bem", respondeu ele, com o telefone na mão. "Aonde você quer ir?"

Pensei por um momento.

"Não sei... Montana?", sugeri, brincando, mas também falando sério.

Em segundos ele começou a pesquisar rotas para ir de nossa cidade natal, em Indiana, até a região de Big Sky, e também começou a procurar estadia em Montana. Para explicar, não era uma viagem curta. De jeito nenhum.

Então soltei um suspiro quando me lembrei de que tinha feito um procedimento médico havia menos de 24 horas. "Talvez devêssemos parar em algum lugar mais perto de casa, no caminho para lá, para ver como me sinto primeiro."

Depois de ver infinitas opções, decidimos dar uma passada por Lake Geneva, em Wisconsin. Reservamos uma estadia de duas noites em uma pousada no lago e começamos a fazer as malas.

Chegamos pouco antes do anoitecer, então caminhamos no cais e assistimos ao pôr do sol enquanto os barcos ancorados na marina balançavam de um lado para o outro.

QUANDO UM SONHO SE TORNA UM ETERNO PESADELO

Depois de descansar no lago por alguns dias, saímos do hotel, entramos no carro e nos dirigimos para o oeste, em direção a Montana. Cerca de quatro horas depois, paramos em um posto de gasolina em algum lugar de Minnesota.

Enquanto Matt abastecia o carro, algo me ocorreu. De repente, tive uma sensação forte de que não deveríamos continuar a viagem, embora já tivéssemos reservado e pagado por uma estadia.

Eu pensei comigo mesma por um minuto antes de dizer qualquer coisa ao meu marido, que estava muito ansioso para passar uma semana em contato com a natureza.

Vai ser divertido, pensei, tentando afastar minhas dúvidas.

Mas meus pensamentos retrucaram: *Sim, mas você acabou de fazer um procedimento bastante invasivo e não sabe como seu corpo vai se recuperar. Uma longa viagem de carro pode não ser algo bom para você ainda.*

Vai ser bom para o meu coração, contestei.

Minhas dúvidas tinham um argumento para isso também. *A médica disse que a recuperação levaria cerca de duas semanas. Provavelmente, seria melhor não estar muito longe de casa no caso de alguma complicação.*

Eu sabia que as complicações de uma curetagem eram raras, e nenhuma das mulheres que conhecia e que tiveram de passar pelo procedimento nunca me falaram de problema algum, o que significava que a probabilidade de algo ruim acontecer provavelmente era baixa.

Ainda assim, as dúvidas persistiram, me cutucando para dizer algo a Matt enquanto ele saía com o carro do posto de gasolina.

Depois de reunir coragem para possivelmente frustrar um homem que já havia dirigido por mais de quatro horas, falei pouco antes de ele voltar para a estrada: "Querido, acho que não devemos ir para Montana."

Ele me encarou surpreso. "O quê? O que quer dizer? Por que não?"

Partilhei as preocupações que tinha e tentei comunicar de onde vinha minha súbita mudança de opinião.

"Não sei bem", procurei explicar, "mas à medida que nos afastamos de casa, me sinto cada vez mais ansiosa. Estou com a sensação de que talvez seja melhor continuar perto de casa por mais um tempo, já que se passaram apenas alguns dias do período pós-operatório".

Vi que ele ficou um pouco frustrado, mas tentou não deixar isso transparecer. Em vez disso, parou em um pequeno estacionamento de cascalho para que pudéssemos discutir nossas opções e decidir o que faríamos.

Primeiro, ele ligou para a hospedagem para ver se havia alguma chance ser reembolsado por esse cancelamento de última hora. Claro que a resposta foi não. Então pensamos um pouco mais, explorando nossas opções, e passamos trinta minutos inteiros debatendo se valeria a pena ter paz de espírito e perder o dinheiro.

"E se voltássemos e ficássemos em Lake Geneva por mais alguns dias?", sugeri. "Fica a apenas algumas horas de casa, e eu me sentiria melhor estando lá do que do outro lado do país."

Depois de algum tempo, concluímos que seria melhor priorizar minha saúde e bem-estar mental, dadas as circunstâncias. Então ele colocou o carro em movimento e fez o retorno para voltar à terra do queijo.

Era óbvio que ele estava chateado e até um pouco frustrado quando percebemos que tínhamos acabado de dirigir quatro horas apenas para retornar e dirigir outras quatro horas de volta.

QUANDO UM SONHO SE TORNA UM ETERNO PESADELO

Eu comentei: "Bem, e não é essa a história de nossa vida ultimamente? Começar uma jornada em direção a algo que esperávamos, apenas para sermos interrompidos, dar meia-volta e voltar à estaca zero?"

"Rá!", exclamou ele enquanto pegava minha mão. "Com certeza, querida. Mas estamos nessa juntos, aonde quer que vamos."

Chegamos de volta em Lake Geneva logo após o pôr do sol, nos registramos novamente no hotel e decidimos nos sentar no pátio e pedir bebidas e aperitivos depois de um longo dia na estrada.

Enquanto estávamos sentados, processando o dia, percebi algo com o qual você também pode se identificar. Semelhante à meia jornada que havíamos acabado de fazer em direção a Montana, nas duas vezes em que comecei a percorrer o caminho da maternidade, a jornada começou com relativa facilidade, acabou sendo dolorosamente interrompida, e tive que fazer o retorno e voltar ao ponto de partida, aparentemente sem nada para mostrar.

Isso já aconteceu com você? Talvez você não tenha sofrido uma perda trágica, mas tenha começado a seguir em direção a um objetivo ou destino desejado, apenas para ser forçada a dar meia-volta e recomeçar. *Essa não é uma experiência enlouquecedora?* Como se estivesse presa em um eterno pesadelo.

Talvez sua "Montana" — seu destino desejado — seja uma vida em que você esteja casada com sua alma gêmea. Mas toda vez que começa um relacionamento que parece promissor, ele se torna morno ou um rompimento a pega de surpresa, exatamente quando pensava que as coisas finalmente acabariam como esperava. Em vez disso, você se encontra não apenas com o coração partido, mas também de volta à estaca zero como solteira... de novo.

Ou talvez sua "Montana" seja uma vida em que você ame sua carreira. Talvez tenha tentado iniciar um pequeno negócio algumas vezes, mas toda vez que começa, se depara com um grande obstáculo: poucos clientes, tempo insuficiente, dinheiro escasso ou falta de confiança. Em vez de chegar ao lugar ao qual esperava ir, com um negócio próspero em tempo integral, você volta à linha de partida... de novo.

Talvez sua "Montana" seja ter uma vida mais saudável e sem dor. Você foi a um milhão de médicos e fez exames para quase tudo o que era possível. Toda vez que tenta uma nova dieta, sente *algum* progresso, mas o alívio é temporário e acaba voltando para onde começou... de novo.

Talvez sua "Montana" — aquela vida pela qual você anseia — seja algo completamente diferente. Mas acho que todos nós temos nossas Montanas, nossas visões da vida que realmente queremos.

Quando continuamos tendo que mudar de direção no momento em que estamos *quase* chegando aonde gostaríamos de ir, nossos sentimentos podem variar de decepção a desespero total.

Devo esclarecer uma coisa: acho que todos nós podemos concordar que algumas experiências são mais devastadoras que outras. Algumas podem ser mais profundas ou alterar mais a vida. No entanto, compartilho uma série de exemplos porque, mesmo com experiências muito diferentes, todos nós podemos nos conectar com a frustração de *quase* chegar aonde desejávamos ir, apenas para que algo aconteça e nos force a recomeçar.

Então minha pergunta é: como continuamos encontrando coragem para seguir em frente quando a longa jornada nos faz recomeçar do zero? Como podemos continuar acreditando quando o destino desejado — nossa Montana — parece tão distante?

Eu gostaria que houvesse uma resposta fácil ou um passo a passo para essas perguntas complexas. Mas se aquela viagem tão sem rumo me ensinou uma lição que vale a pena compartilhar é a seguinte: na jornada para seus maiores sonhos, não conte com uma estrada em linha reta.

Não Conte com uma Estrada em Linha Reta

A estrada para nossos sonhos mais preciosos e para tudo o que fomos feitas para ser — mãe, esposa, líder, atleta profissional ou qualquer outra coisa — quase nunca é uma linha reta ou suave. Não é nem mesmo uma estrada esburacada. Para a maioria de nós, ela envolve retornos, desvios e mudanças de rotas. Ao olhar para trás e me lembrar dos muitos sonhos que busquei — casar e me tornar escritora, por exemplo —, vejo que a estrada que tomei para essas coisas teve reviravoltas, solavancos e desvios também. Nenhuma dessas experiências foi um caminho reto do ponto A ao ponto B, e muitas exigiram voltar à estaca zero pouco antes de tudo se encaixar.

Por exemplo, quando meu marido e eu estávamos noivos, ele estava em busca de seu próprio sonho de jogar futebol americano na NFL. De certa forma, senti como se estivesse indo em busca do sonho com ele. Para nossa consternação, o processo não era como vemos na TV. Você sabe, onde os jogadores selecionados no *draft* da primeira rodada recebem uma ligação, assinam um contrato multimilionário e parecem viver felizes para sempre. Pois é, nem sempre é assim. Muita coisa acontece antes e depois de um contrato ser assinado — e muito disso é decepção e sonhos desfeitos. O processo colocou Matt e eu — e nossos planos de vida — em uma montanha-russa imprevisível por um tempo. Ele fez um teste, mas não foi contratado. Então finalmente conseguiu outro teste e fechou um contrato. Ele até mesmo recebeu uma camisa com seu sobrenome e jogou em uma partida pré-tempo-rada, dando-nos um gostinho do sonho realizado. Então, quando parecia que tudo estava indo conforme o planejado, ele foi dispensado.

Desnecessário dizer que planejar um casamento no meio dessas circunstâncias, em constante mudança, não era exatamente um mar de rosas, e acabamos tendo um noivado mais longo que o planejado, agendando três datas *e* três locais diferentes para o casamento antes de finalmente nos casarmos na terceira data e local, ironicamente no terceiro dia do mês. Alguns meses depois, Matt estava escalado para participar de um treino em um acampamento muito importante para mostrar suas habilidades. Olheiros estariam lá, e comparecer aumentaria suas chances de entrar para outro time. Bem, pouco antes do acampamento, ele começou a sentir dores intensas no abdômen e acabou fazendo uma apendicectomia de emergência. Após a cirurgia, o médico disse que ele não poderia se exercitar ou levantar nada acima de cinco quilos por um período de quatro a seis semanas. *Bem, lá se vai o acampamento*, pensamos. Embora não tenha sido nada legal na época, aquele período confuso e cheio de decepções, rejeições e incógnitas nos ajudou a redefinir nossos sonhos. Ousamos nos perguntar: "O que realmente queremos da vida? A NFL é a única maneira de conquistar a vida que desejamos?"

Em outras palavras, outra carreira ainda nos permitiria chegar aonde gostaríamos? Como bem vimos, a NFL não era o único caminho, e agora sou grata por aqueles dias.

Por um tempo, vimos Matt chegando à NFL como o destino desejado ou nossa "Montana", se preferir. No entanto, quando começamos a considerar o que realmente valorizávamos, percebemos que nosso verdadeiro destino não era a experiência particular de ter uma camisa com o nome dele. Em vez disso, o sonho era a vida que o futebol parecia criar — uma vida em que tivéssemos flexibilidade, gostássemos de nosso trabalho, pudéssemos causar

QUANDO UM SONHO SE TORNA UM ETERNO PESADELO

um impacto positivo nos outros e nos envolvêssemos em uma comunidade com ideias semelhantes.

Quanto mais pensávamos sobre isso, mais víamos que uma carreira na NFL era um caminho que poderíamos seguir, mas não o destino final. Havia muitas outras maneiras de conquistar uma vida assim, e foi aí que começamos a buscar o empreendedorismo. Foi também quando decidimos nos juntar a uma comunidade da igreja, bem como a mentores de negócios. Em apenas alguns anos, descobrimos que tínhamos a flexibilidade que esperávamos, gostávamos do nosso trabalho, podíamos doar para as causas em que acreditávamos e estávamos conectados à comunidade com ideias semelhantes à que desejávamos.

A rota original que traçamos pode não ter nos levado aonde esperávamos, mas abrimos um caminho e criamos uma vida que funciona para nós. Pode não ter sido como imaginamos, mas não significa que o plano de *Deus* não se desenrolou exatamente como deveria.

Da mesma forma, tive meu quinhão de reviravoltas na minha carreira como escritora. A primeira vez que ofereci meu livro a editoras, todas me disseram não. Achei que talvez tivesse compreendido errado meu sonho — que talvez não tivesse sido feita para escrever um livro. Mas então, com algum incentivo de amigos, decidi não seguir com a publicação tradicional. Em vez disso, autopubliquei um livro curto, no estilo devocional, e me concentrei em divulgar minha mensagem. Para minha surpresa, pouco mais de um ano depois, quando eu nem estava mais procurando, um editor me contatou por e-mail. Depois de várias conversas, tive a oportunidade de escrever meu primeiro livro, *Viva Seu Propósito*. Mesmo esse livro não foi escrito e publicado sem vários recomeços e reescritas que fizeram com que ele se tornasse o best-seller que se tornou.

ABRACE SUA JORNADA

Embora esses sejam, obviamente, exemplos muito mais leves do que a história com a qual abri o capítulo, compartilho essas experiências para enfatizar um ponto importante: muitas das coisas mais preciosas da minha vida não vieram de forma rápida ou fácil. A maioria foi refinada — ou redefinida — através do fogo das rejeições, reinícios e redirecionamentos.

Na verdade, eu diria que é uma bênção enorme e inesperada quando as coisas *de fato* funcionam lindamente na primeira tentativa, porque isso é raro. Embora isso não faça com que doa menos quando nossa jornada é interrompida, acredito que é de consolo saber que (1) não somos as únicas pessoas com quem isso acontece e (2) não é o fim da estrada.

Então, o que isso tem a ver com sua vida? Pense em um retorno recente que você teve que fazer ou um desvio que teve que tomar no caminho para *sua* "Montana" — a vida que você está almejando. Como foi? Como reagiu? O que isso lhe ensinou?

Agora, olhe para trás, para um sonho que se tornou realidade em sua vida. Talvez esse sonho tenha sido quitar suas dívidas estudantis. Em caso afirmativo, chegar onde você queria (nesse caso, quitar as dívidas) foi uma estrada reta e direta, sem planos interrompidos ou sonhos desfeitos? Ou demorou mais do que imaginava? Ou você pagou a dívida rapidamente, mas teve que fazer muitos sacrifícios em sua vida social e pessoal para que isso acontecesse? Você se deparou com desafios ou contratempos inesperados ao longo do caminho?

A jornada para a vida que desejamos geralmente leva mais tempo do que gostaríamos, não é?

Sabe, talvez aquele velho clichê seja verdade: "A vida acontece na jornada, não no destino." Talvez o segredo do contentamento não seja encontrado quando conseguimos algo que queremos facilmente e na primeira tentativa. Em vez disso, o contentamento cresce em todos os momentos difíceis que nos estilhaçam — mesmo quando nos sentimos presos em um pesadelo — à medida que aprendemos a perseverar a cada dia.

Fé e Lógica

De volta a Lake Geneva, respirei fundo quando o sol refletiu na água e lentamente se pôs no horizonte. Refleti sobre a semana que havia passado e pensei sobre o futuro desconhecido, sentindo meu estômago se revirar ao fazer isso. A brisa soprou os fios de cabelos soltos que haviam escapado de meu rabo de cavalo.

"Deus, onde o Senhor está?", ponderei com o coração aberto, ansiando por uma resposta para tudo que não fazia sentido na minha vida.

Eu adoraria dizer a você que ouvi: *Estou bem aqui* ou *Não se preocupe. Não é aqui que sua história termina* ou *Tudo ficará bem. Eu prometo.*

Queria ter ouvido algo, *qualquer coisa* que me encorajasse ou me ajudasse a ver que algo disso tudo fazia sentido.

Mas eu não ouvi nada. Apenas a brisa e o grasnar das gaivotas acima.

Matt se aproximou por trás de mim e deslizou o braço em volta da minha cintura. "Você está bem?"

"Não tenho certeza", respondi, enxugando uma lágrima do rosto. "Sinto que a fé e a lógica estão em guerra dentro de mim."

Ele sugeriu que eu explicasse o que queria dizer enquanto caminhávamos para ir jantar. Enquanto seguíamos de mãos dadas em direção ao restaurante mais próximo, esclareci: "A fé me diz para continuar confiando e esperando. Mas a lógica ri da minha fé e fala: 'Não seja tão idiota.'"

Talvez algo em sua vida tenha lhe feito repensar sobre tudo o que você acreditava ser verdade. Seja sua fé em Deus, em outra pessoa ou até em si mesma, ela pode acabar sob intenso escrutínio quando lutamos com um coração partido ou com expectativas não atendidas.

Quando você se sente traída, decepcionada ou completamente destruída, não é como se a fé e a lógica estivessem em guerra dentro de você? Não seria mais fácil desistir de tudo?

É muito difícil, não? É como se tudo *dentro* de você quisesse continuar acreditando, mas tudo ao seu *redor* ou o que quer que tenha acontecido *com* você faz com que acreditar pareça arriscado e até uma tolice. Às vezes, parece impossível — ou pelo menos inútil — continuar acreditando que Deus ainda está fazendo sua obra quando nada mais faz sentido. E é preciso coragem para continuar sonhando quando as circunstâncias que a cercam fazem parecer que a vida é mais como um pesadelo do que um sonho.

Serei honesta. Não tenho uma resposta simples. Não lançarei uma citação clichê ou mesmo um versículo da Bíblia em um esforço de fazer a agitação as dúvidas desaparecerem. Naquela temporada de perdas, descobri que me encher com mais conhecimento não ajudava em nada a colocar meu coração e minha cabeça no lugar. Na verdade, eu me perguntava se isso fazia o abismo entre eles parecer ainda maior.

Pelo contrário, foi só quando me permiti refletir sobre minhas dúvidas, ser amada, receber apoio, viver as emoções que estava sentindo e pedir a Deus para vir ao meu encontro que comecei a conciliar a fé e a lógica que tanto guerrearam dentro de mim. Mas isso não aconteceu de repente, sentada à uma mesa no restaurante de Lake Geneva. Isso aconteceu ao longo de vários meses, ao passo que relutantemente permiti que Deus me mostrasse quem Ele realmente é, em vez de quem eu gostaria que Ele fosse para mim.

Então, em vez de tentar convencê-la de qualquer coisa, simplesmente repassarei o que meu marido me disse no restaurante enquanto eu lhe explicava a batalha que acontecia entre meu coração e minha razão. Ele disse: "Eu entendo. Estou vivendo essa luta interna também. Mas é por isso que não podemos confiar apenas na lógica. A lógica sempre nos desafiará a desistir da fé, quando, na verdade, é tudo o que nos resta e exatamente do que mais precisamos."

Guardei essas palavras desde então. Espero que, se você estiver presa em um eterno pesadelo ou se a razão estiver gritando para que desista de ter esperança, permita-se seguir na fé de qualquer maneira.

Afinal, no fim das contas, depois de tentarmos obter respostas e consertar o que parece quebrado, descobriremos que a fé é realmente tudo o que nos resta — e do que mais precisamos.

7

Ganhos Inesperados de uma Dor Indesejada

Algumas noites depois de voltar de Lake Geneva, acordei de um sono profundo sentindo dores lancinantes.

Arquejando após cada pontada aguda e segurando meu abdômen para tentar minimizar a intensidade da dor, sacudi Matt para acordá-lo. "Querido, acorde! Tem algo errado!"

Ele acendeu a luz.

"O que foi?"

"Acho que estou tendo contrações!", falei, tentando respirar.

Tentarei ser breve sobre essa parte, mas lhe darei uma visão geral do que aconteceu naquela noite. Logo depois que essas dores exasperadas apareceram, comecei a ter hemorragia. *Não* era para isso acontecer, especialmente depois da cirurgia. O procedimento acontecera havia quase duas semanas, o que significava que eu deveria estar no

ABRACE SUA JORNADA

final de minha recuperação. Quando pensei que estava quase recuperada, parecia que, na verdade, estava piorando.

Matt ligou para o número de emergência da minha médica, que recomendou ir ao pronto-socorro se as coisas não melhorassem em uma hora ou tentar tomar algum remédio para dor e ir ao consultório para fazer um exame logo pela manhã.

Naquele ponto, eu não queria entrar em um carro, ir a um hospital e ficar em uma sala de espera desconfortável, então decidimos pela última opção.

Engoli rápido um comprimido de Advil com um copo de água enquanto orávamos para que a dor parasse.

Dentro de uma ou duas horas, as contrações começaram a diminuir e tive mais tempo para recuperar o fôlego entre elas.

Finalmente, por volta das 5h da manhã, depois de vencer o que devo ter perdido durante a cirurgia, a dor se transformou em um incômodo, em vez de pontadas agoniantes, permitindo-me descansar um pouco. Algumas horas depois, a dor havia diminuído quase completamente, e fomos para o consultório de minha médica assim que a clínica abriu.

Ela fez um ultrassom, me examinou e explicou o que havia acontecido, garantindo que meu corpo estava fazendo o que precisava para se curar e que eu ficaria bem. Ela receitou um medicamento para parar o sangramento, bem como um antibiótico e um analgésico mais forte, caso eu tivesse qualquer outro desconforto nos próximos dias.

Embora eu estivesse aliviada por o pior da reação física provavelmente ter passado, o peso emocional de toda a situação me abalou enquanto voltávamos para casa. Eu não queria aceitar que, quando pensei que poderíamos começar a avançar, meu corpo havia regredido para o mesmo estado de duas semanas antes.

"Isso é tão, tão errado", disse eu a Matt, entre lágrimas.

"Eu sei", respondeu ele. "Mas estou muito agradecido por não termos ido a Montana. Não consigo imaginar passar por isso sem estar em casa e perto de sua médica. Estou feliz por termos escutado seu instinto."

Após a consulta, passei o resto do dia no sofá. Enquanto estava lá, questionando tudo em que sempre acreditei, a tela de meu celular se iluminou na mesinha ao meu lado.

Era uma mensagem de uma amiga, Lexi, perguntando como eu estava.

"Quer a resposta sincera ou a automática?", perguntei.

"Sempre a sincera", foi a resposta dela.

"Certo. Bem, honestamente, estou muito, muito mal", digitei de volta.

Então enviei uma mensagem de áudio para ela para contar tudo o que havia acontecido, sem poupar nenhum dos detalhes que omiti aqui.

"Uau, isso é traumático, J", respondeu ela. "Nossa... o mau parto!"

O mau parto. Eu não conseguia pensar em uma forma mais precisa para descrever. Era *exatamente* o que eu sentia.

Enquanto lia a mensagem dela, pensei em tudo o que havia acontecido na noite anterior. Lembrei-me de que, no meio do episódio inesperado e doloroso que eu vivia, pensei: *Essa dor valeria muito a pena se houvesse uma recompensa feliz do outro lado, como haveria em qualquer trabalho de parto. Mas isso tudo foi, literalmente, por nada. Aliás, quando a dor parar, ainda restará o luto. É uma dor inútil.*

ABRACE SUA JORNADA

Suponho que alguém poderia argumentar que o que me esperava do outro lado era a cura física, e que meu corpo estava fazendo o que precisava depois de uma curetagem incompleta. No entanto, em um momento como esse, quando a dor física e emocional colidem de maneira tão difícil, não pensamos dessa maneira. Parece que todo o seu mundo está desmoronando. Você se sente quebrada, com raiva e confusa, questionando por que uma coisa tão horrível aconteceria com você.

Você pode se perguntar por que diabos estou lhe contando tudo isso. É extremamente pessoal. Para ser honesta, por mais que eu esteja tentando não ser muito detalhista, mal posso acreditar que escrevi *algo* sobre essa experiência visceral em um livro para outras pessoas lerem. É assustador e me sinto vulnerável por compartilhar algo assim. Se não éramos amigas antes, com certeza somos agora.

Estou compartilhando isso porque, de maneira física e literal, essa parece representar uma experiência quase universal que acho que devemos abordar: a maioria de nós tem nossas próprias versões de um mau parto.

Eu defino um mau parto como dores de parto que não resultam na recompensa esperada no final de um trabalho duro e, às vezes, em vez disso, a pessoa recebe apenas dor e esforço lancinantes.

Antes de continuarmos, preciso deixar claro que, na verdade, a perda não é algo que pode ser diretamente comparada a qualquer outra experiência. Questões de vida e morte não equivalem a casos em que você trabalha duro e as coisas não dão certo. Então, por favor, entenda que não é isso que estou tentando fazer aqui. Estou simplesmente usando minha história para ilustrar certo tipo de sentimento que muitas pessoas enfrentam, mas *não* estou comparando diretamente a perda com algo mais simples, como não conseguir o emprego que você queria ou pelo qual se esforçou.

Com isso em mente, vamos continuar. As dores do parto geralmente levam a uma feliz recompensa, como enfrentar horas de dor para, depois, segurar um lindo recém-nascido nos braços. Ou, em um exemplo totalmente diferente, trabalhar duro por longas horas no sol quente cuidando de uma plantação para que ela dê frutos. Lembre-se: estou usando o termo como uma metáfora para frisar que, como muitas vezes nos dizem, ao derramarmos nosso sangue, suor e lágrimas em algo, teremos uma recompensa generosa após tanto esforço.

Essas são dores normais do parto. Dores que, no final, valem a pena. Mas o mau parto *não* dá o resultado pelo qual você vem trabalhando, esperando ou orando. É quando você derrama todo o sangue, suor e lágrimas em algo, apenas para acabar de mãos vazias e, possivelmente, em um mundo de mágoa ou em uma posição pior do que estava antes.

Além da experiência específica do trabalho de parto que acompanha o nascimento, há tantas coisas pelas quais lutamos e trabalhamos por horas, dias, meses ou anos! Aparentemente, todas as mensagens motivacionais prometem que, se suportarmos o processo e o sofrimento que surgem no caminho, seremos recompensados depois. Mas e quando isso *não* acontece?

Eu costumava acreditar que esse era um princípio infalível, mas agora olho para meus próprios sonhos desfeitos e vejo isso de maneira muito diferente. E aposto que você já passou por alguma experiência diferente da minha, mas também muito similar.

Talvez você esteja batalhando para alcançar um sonho há anos — seja se tornar artista musical, médica, atleta ou qualquer outra coisa — apenas para descobrir que, não importa o que tente, acabará se sentindo mais magoada e decepcionada do que antes. Enquanto processa o que aconteceu, você se senta e pensa: *Sério?*

ABRACE SUA JORNADA

Ou talvez você vem tentando recuperar seu casamento, deparando-se com barreira atrás de barreira. Toda vez que está prestes a seguir em uma nova direção, algo a faz recuar. Talvez tenha descoberto que seu cônjuge mentiu para você, a traiu ou não cumpriu com a palavra.

Todo aquele tempo e esforço gastos sem recompensa que, na verdade, trouxeram apenas desgosto.

Quando as coisas não funcionam da maneira que esperamos e nossos melhores esforços são recebidos com *mais* dor, é fácil se sentir desanimada, desiludida ou até mesmo deprimida. Não sou psicóloga nem terapeuta, mas sei por experiência própria que, quando fico desanimada, também fico descontente.

Por quê? Bem, porque, em vez de receber qualquer tipo de recompensa pelo meu esforço e sofrimento, parece que sinto apenas decepção. Naturalmente, isso não faz com que o trabalho pareça muito significativo ou valioso, certo?

No entanto, minha experiência bastante literal com o mau parto me ensinou algo quando se trata dos partos mais metafóricos: mesmo quando não recebemos a recompensa que esperávamos, a dor às vezes resulta em um refinamento inesperado para nossa vida.

Por mais horrível que toda a experiência tenha sido, me atrevo a dizer que, quando reflito sobre tudo o que aconteceu, sinto algo profundo. Percebi que a dor que parecia inútil no momento, na verdade, não foi à toa. A dor foi me refinando. A definição de *refinar* é algo como "tornar(-se) mais apurado; aprimorar" ou "submeter (produto) a operações que lhe retirem as impurezas ou determinados elementos".[1]

Por mais doloroso que seja, refinar significa essencialmente que a decepção com coisas mais leves (como perder uma promoção) ou

---

[1] Aulete, verbete "refinar", <https://aulete.com.br/refinar>.

sofrer por coisas mais intensas (como um falecimento ou doença) tem o poder de remover as distrações do que mais importa, elucidar nossa direção e construir nosso caráter como nenhuma outra experiência.

Em outras palavras, às vezes, ganhos inesperados podem surgir de uma dor indesejada. Para minha surpresa, *vi* alguns ganhos muito inesperados surgirem de experiências difíceis nas quais meus esforços pareciam completamente inúteis. Eles podem não ter sido os ganhos que pedi ou queria, mas são importantes da mesma forma. Quero compartilhar vários deles com você na esperança de que a encorajem, mostrando que suas dores e esforços não são inúteis, mesmo quando parece que a recompensa não existe.

Ganho Inesperado nº 1: Empatia

Eu já tinha ouvido muitas vezes esta oração: "Senhor, quebranta meu coração para aquilo que quebranta o Teu."

Para ser sincera, quando minha vida estava ótima, essa oração não tinha muito significado. Eu simplesmente não conseguia absorver a dor, a raiva ou a frustração alheia e simpatizar com outra pessoa da forma que gostaria de ser capaz. Podia sentir pena de alguém ou reconhecer que algo era difícil ou triste, mas não conseguia compreender de verdade. Não conseguia sentir a dor daquela pessoa *com* ela. Estava tão ocupada, tão presa em meu próprio mundo, que mesmo que quisesse confortar alguém, meu coração muitas vezes não se comovia.

No entanto, depois de trilhar pelos cacos de meus sonhos e percorrer alguns de meus maiores desgostos, me vejo chorando quando minhas amigas vivenciam uma decepção corriqueira ou algo doloroso. E mesmo quando não acabo em lágrimas, ofereço apoio a elas, em vez de me afastar. Eu havia me tornado mais empática. Talvez porque aprendi em primeira mão como era ter minhas próprias experiências minimizadas por alguém que não conseguia entender aquilo pelo que eu passava. Percebi como é desconfortável receber pena, em vez de ser ouvida, vista e genuinamente apoiada. Com o tempo, percebi que, mais do que nunca, passei a ouvir os outros, em vez de não levá-los a sério.

Curiosamente, às vezes nossos sofrimentos mais profundos, bem como as experiências mais leves de quase sucessos, nos dão o dom de olhos para ver, ouvidos para ouvir e coração para amar mais profundamente em um mundo que sempre nos diz para continuar em movimento, focar apenas o que é nosso e correr uma corrida que, na verdade, não existe. Ao contrário da crença popular, acredito que o que realmente buscamos não é aprovação ou conquista, mas conexão. A conexão é a chave para o contentamento e nasce da empatia e da compreensão. Nossos maus partos, nossas dolorosas dificuldades e nossos frustrantes contratempos, por mais difíceis e horríveis que sejam, trazem consigo uma maneira de aprofundar nossa conexão — dando-nos mais do que realmente ansiamos neste mundo.

Ganho Inesperado nº 2: Paciência

Dizem que a paciência é uma virtude. Bem, eu não nasci com essa virtude. Toda vez que uma esperança ou sonho chega perto de dar certo, mas não acontece, passo por um ciclo de choque, negação, frustração ou raiva e, finalmente, aceitação por tudo o que aconteceu. Quando mergu-

GANHOS INESPERADOS DE UMA DOR INDESEJADA

lho no sentimento de que "quase deu certo" e aceito o que foi, torno-me mais paciente, mesmo que pareça que fui forçada a isso. Torno-me mais paciente com meus cronogramas e minhas expectativas, com os outros e comigo mesma.

Acredito que parte da razão pela qual os sonhos interrompidos ou atrasados são tão difíceis para nós é que eles acabam com nossas linhas do tempo imaginárias. E, para espíritos naturalmente impacientes como o meu, isso é uma catástrofe absoluta. Tanto que minha primeira tendência quando algo dá errado é correr para consertá-lo ou substituí-lo o mais rápido possível.

Você já se esforçou tanto para fazer algo dar certo a ponto de passar mais tempo se esforçando repetidamente do que descansando e perseverando? Eu já.

Como sabe, não sou jardineira profissional, mas pergunte a qualquer bom jardineiro e ele lhe dirá a importância de um bom solo para o crescimento de suas plantas. Se o solo estiver em mau estado ou não estiver bem cuidado, as plantas não crescerão como devem. Ou considere os agricultores; a sabedoria antiga dizia que os agricultores deveriam deixar seus campos descansarem regularmente. De fato, no Antigo Testamento, o Senhor instituiu esses tempos de descanso para os campos.[2] Se os agricultores não deixarem o solo descansar (ou pelo menos alternar as colheitas), a terra — e, portanto, a qualidade da produção — sofrerá.

O mesmo serve para a gente. Se compararmos nossa vida a um jardim, esse princípio também se aplica.

Se não dermos tempo para atender às necessidades de nosso corpo e de nossa alma para que possam ser restaurados, podemos descobrir que, mesmo com os melhores esforços, acabaremos no mesmo ciclo

---

[2] Êxodo 23:10–11.

frenético por resultados que parecem fora de alcance, apenas para nos esgotar.

Depois de meu mau parto literal, meu corpo estava cansado. Meu coração, partido e esgotado. E minha mente estava tão sobrecarregada, que eu estava esgotada e depressiva. Então, por mais que *quisesse* tentar fazer com que os sentimentos ruins e a espera (eu disse que não sou paciente) fossem embora, decidi fazer uma pausa.

Decidi tirar um tempo para me concentrar em desacelerar. Nesse tempo, eu tentaria estabelecer ritmos e rotinas saudáveis, cuidar da minha saúde e buscar aquilo de que meu corpo precisava para se curar, simplificar e otimizar meu horário de trabalho, fazer terapia e realmente investir em meu casamento.

Era bastante coisa. Mas não uma lista aleatória. Era intencional, e me dei a missão de estabelecer limites na produtividade e criar o espaço necessário para cuidar dessas coisas, em vez de correr para a próxima — mesmo que fosse o que eu realmente queria.

Se você sente que, independentemente do que faça, continua se deparando com becos sem saída, convido-a a se permitir dar uma pausa em sua busca.

Pausar ou desacelerar não significa desistir e rastejar para a cama com potes de Nutella enquanto se esconde das dificuldades que a vida colocou em seu caminho. Você pode precisar fazer isso por um minuto ou um dia ou dois, e tudo bem. Mas pausar não é ficar no mesmo lugar. Significa simplesmente dar um passo para trás e olhar para seu jardim ou, em outras palavras, para sua vida. O que precisa de cuidados? O que está desgastado ou murchando?

E como você pode desacelerar e abrir espaço para cuidar dessas coisas?

Poucas coisas podem nos convidar a desacelerar como decepções, sofrimentos e maus partos. Quando tudo funciona com perfeição ou quando chegamos ao destino desejado com facilidade e rapidez, conseguimos o que queremos. No entanto, quando nem tudo corre tão bem, podemos conseguir aquilo de que nem sabíamos que precisávamos. Embora não pareça bom, é no fogo que nosso ser é refinado. É nessas horas que percebo uma versão mais paciente, presente e intencional de mim mesma. E, se prestar atenção, aposto que o mesmo acontece com você.

Talvez a natureza indesejada e chocante de um sofrimento — aqueles que nos impedem de seguir em frente — traga um convite inesperado para *não apressar nossa vida.*

Ganho Inesperado nº 3: Clareza

Naquele verão, passei a enxergar todos meus sonhos e objetivos com um olhar mais crítico, especialmente aqueles que vinha perseguindo profissionalmente. Tornou-se óbvio quais objetivos estavam alinhados com aonde eu realmente queria ir — e quais não estavam.

Como você lerá com mais detalhes no próximo capítulo, às vezes a adversidade pode levar a uma clareza que não teríamos encontrado de outra forma (ou mesmo procurado, em primeiro lugar). A adversidade, incluindo os contratempos do dia a dia e o tipo de sofrimento que altera o curso da vida, sempre teve um jeito de me fazer parar e reconsiderar o que mais importa para mim. De uma maneira estranha, ela remove as distrações e me ajuda a ver com mais clareza.

Pense nisso. Que adversidade ou mau parto você já vivenciou? Qual foi a sensação e como você reagiu? E, se for o caso, como ela influenciou na busca por seus sonhos? Ela fez você mudar de direção? Parar com algumas coisas e pausar um pouco? Reavaliar? Fez com que tivesse medo do futuro? É importante reconhecer essas coisas, especialmente se estiver passando por alguma adversidade agora. Embora nem sempre possa ser o meio mais agradável, a clareza que pode nascer da adversidade muitas vezes nos ajuda a ver que nem tudo foi inútil. A adversidade pode revelar o próximo passo certo em nossa jornada.

Ganho Inesperado nº 4: Discernimento

Depois de minhas experiências com maus partos e sonhos desfeitos, percebi que me tornei mais cuidadosa sobre em quem confio, o que faço e por que faço. Não tenho certeza do motivo, mas se tivesse que adivinhar, chutaria que é porque as dificuldades — sejam perdas, tragédias ou enganos — criam profundidade e discernimento de uma maneira que poucas outras coisas conseguem criar. Talvez seja apenas quando você passa por experiências que mudam sua perspectiva — especialmente aquelas que quase a destroem — que começa a pesar os riscos de cada decisão, oportunidade e situação mais do que antes. Você pode perceber que se torna muito mais cuidadosa ao considerar o que vale o seu tempo (e o que não vale), quais opções se alinham aos seus valores, em quem você está disposta a confiar e quais vozes ouvirá.

A vida se torna menos sobre impressionar as pessoas ou fazer de tudo, e mais sobre fazer as coisas certas — mesmo que algumas pessoas não se impressionem ou não entendam seus motivos. De certa forma, as dificuldades têm uma maneira de mudar seu foco das coisas sem importância para as coisas mais importantes e eternas. Como resultado, você se torna mais ponderada e perspicaz sobre cada decisão. Em outras palavras, ganha uma noção melhor do que é mais importante para você, para onde precisa ir e por quê.

Ganho Inesperado n° 5: Intencionalidade

Depois de descobrir alguns problemas de saúde que eu não conhecia antes dos abortos, como fadiga e hipotireoidismo, precisei tomar algumas decisões sobre como tratar esses problemas e cuidar de meu corpo. Um dia, enquanto estava dirigindo para uma consulta médica e tentava decidir se deveria tomar um remédio que a médica havia sugerido, comecei a orar. *Deus, o que devo fazer? Tomo a medicação?*

Eu esperava ter algum tipo de paz por seguir o protocolo de tratamento que ela havia recomendado. Em vez disso, tudo o que me vinha era: *Dê amor ao seu marido.*

Quê? Não faz sentido ser isso o que o Senhor está me receitando. O que isso tem a ver com medicação?

Quanto mais eu pensava sobre o assunto, mais me questionava sobre a decisão de tratar o problema com medicamento, ou se talvez a coisa mais curativa para minha jornada fosse, na verdade, cuidar do relacionamento com meu marido.

Enquanto dirigia, percebi como era fácil permitir que um relacionamento precioso e sagrado como o nosso fosse colocado no piloto automático por causa de ocupações rotineiras (das quais fomos vítimas nos anos anteriores), além do afastamento pelo luto (o que também se

ABRACE SUA JORNADA

aplicava a nós). Infelizmente, às vezes é preciso uma grande interrupção, dor ou decepção para ajudá-la ver o quanto você se desviou.

Pelo menos, esse foi meu caso.

Com a determinação renovada para administrar o que eu *tinha*, resolvi cuidar de meu casamento de formas que eu havia inadvertidamente negligenciado. Algumas semanas depois, sentamo-nos para jantar e compartilhei aquilo em que estava refletindo. Matt admitiu que estava pensando em algo semelhante. Então, naquele momento, cuidarmos um do outro se tornou nossa missão, especialmente quando estamos frustrados e tentados a fazer algo para irritar um ao outro.

Começamos a implementar esse compromisso em nossa rotina, ainda que de forma imperfeita, e percebemos uma mudança positiva em nosso relacionamento. Alguns meses depois, encontrei-me com uma mentora. Enquanto compartilhava tudo o que tinha vivido recentemente e admitia que a maioria de minhas frases terminavam com pontos de interrogação, em vez de pontos finais, ela ouviu, validou minha experiência e depois apontou coisas nas quais eu nunca tinha pensado.

Ela destacou que áreas da minha vida, como meu casamento, pareciam ter recebido bênção e redenção.

"Essa *é* uma história de redenção", explicou ela. "Pode não ter acontecido como você esperava ou pensou que seria nessa fase, mas é algo que vale a pena comemorar."

Com essa conversa, aprendi que a redenção nem sempre vem de onde achamos que virá. Às vezes, por meio do rompimento de algo, outra coisa que nós nem percebemos que precisava de atenção recebe a cura necessária e é restaurada ou fortalecida. Às vezes a união e conexão mais profunda com aqueles que amamos — seja um cônjuge, amigo, irmão, Deus ou nós mesmas — vem por meio do fogo.

Quando você se encontrar no meio de um mau parto, acredito que se observar bem, exatamente de onde está, dentro de um dia — um mês, um ano ou três anos —, você terá a capacidade dizer: "Por mais difícil que tenha sido o caminho, sou grata por como ele me moldou."

Nada Se Consegue sem Esforço

Com toda honestidade, eu preferia nunca ter experimentado as decepções e perdas que sofri. Preferia não ter "ganhado" nada disso. E teria ficado perfeitamente feliz com meus planos acontecendo sem complicações e vivendo nas bênçãos da ignorância.

Por mais que eu desejasse que fosse o caso, e que os maus partos (literais e figurados) nunca tivessem que acontecer, ao mesmo tempo, tento reconhecer o poder dos ganhos inesperados que podem nascer de uma dor bastante indesejada.

Sem uma experiência tão chocante, talvez eu nunca tivesse desacelerado, reconsiderado o que mais importava para mim, desenvolvido uma empatia mais profunda e reorientado minhas prioridades da maneira que fiz. Isso não torna experiências terríveis em boas. Significa apenas que experiências terríveis podem não ser tão sem sentido quanto parecem.

Surpreendentemente, a dor e o sofrimento me colocaram em uma jornada de refinamento para que eu não vivesse em uma busca desenfreada por mais e mais, como fiz nos primeiros anos de minha carreira. Aos poucos, aprendi a tomar posse de minha ambição sem permitir que ela tomasse posse de mim.

Então, por mais difícil que seja dizer, talvez o sucesso — o verdadeiro sucesso — não seja receber os bons resultados de um trabalho que saiu como esperávamos, mas sim obter a força e o refinamento que advêm da decepção, da intensa dor e do sofrimento.

Eu não teria acreditado antes, mas hoje posso dizer que é verdade: ganhos inesperados *podem* nascer de uma dor indesejada. Isso não torna a dor menos ruim ou menos dolorosa, mas traz algum tipo de significado. Embora prefiramos a ignorância e a felicidade, talvez Deus use os maus partos para criar uma santidade que, de outra forma, não teríamos dentro de nós.

E talvez, apenas talvez, depois de algum tempo, possamos encontrar uma maneira de agradecer pelos ganhos inesperados — a clareza, o crescimento, o caráter — que nascem até mesmo da dor mais indesejável.

8

A Adversidade Pode Trazer Clareza

Levante a mão quem já se sentiu *confusa* sobre seus sonhos. Quem já teve dificuldade em discernir quais sonhos eram verdadeiramente seus, quais apenas pareciam bons e quais vinham da pressão que a sociedade ou outra pessoa colocava em você? Eu levanto a mão. Aliás, como você já sabe, isso aconteceu quando fechei minha primeira empresa.

Então, como obtemos a clareza de que precisamos para seguir com nosso chamado?

Eu me arriscarei aqui e lhe darei uma resposta honesta, mas nada atraente: com a adversidade. Sim, adversidade. Pode não ser a única maneira de obter a clareza que você procurava, mas se tem algo que minha própria experiência com expectativas não atendidas, sonhos rompidos, renúncias e até mesmo uma perda que partiu meu coração me ensinou é que a adversidade (geralmente) pode levar à clareza.

ABRACE SUA JORNADA

A dor e os problemas pelos quais passamos muitas vezes separam o joio do trigo. Em outras palavras, essas experiências muitas vezes revelam nossa direção ao mesmo tempo que revelam distrações.

O que quero dizer é que, quando algo pelo qual você trabalhou, batalhou ou esperou *quase* chega a acontecer, mas não se realiza, isso faz com que você repense tudo? Talvez você até passe a duvidar de seus sonhos ou reconsiderar seu projeto? Isso acontece comigo.

Quanto mais eu passava por essa situação, mais começava a me perguntar: *Isso é realmente tão terrível? Há algo de bom nisso?*

Descobri que, quando estou decepcionada demais ou me sentindo presa — porque estou aquém de alcançar um sonho ou objetivo —, repensar tudo pode realmente me ajudar a encontrar o foco e a clareza de que eu nem sabia que precisava para alcançar o sucesso.

Sentir a dor ou a frustração que vem com a interrupção de um sonho pode nos ajudar a reconsiderar tudo o que estamos buscando. Enquanto nos esticamos como a Mulher-Elástica, tentando ser e fazer todas as coisas, o choque de um desgosto ou de uma decepção nos permite fazer uma pausa longa o suficiente para realmente pensar. Para nos fazer perguntas importantes que, de outra forma, poderíamos ignorar por estarmos muito ocupadas.

Pessoalmente, alguns desafios, como encerrar a carreira do Matt na NFL ou fechar a SoulScripts porque eu havia perdido o rumo das coisas, criaram espaço para experimentar coisas novas que de outra forma não aconteceriam. Tive espaço para limpar minha cabeça e estudar a vida e as decisões de forma mais ponderada.

Além disso, adversidades mais difíceis — como a perda — eliminaram de minha vida coisas que não eram essenciais e distrações, e me forçaram a desacelerar e reconsiderar tudo o que estava perseguindo, especialmente na vida profissional. No processo, passei a ver algumas coisas com mais clareza.

Reiniciando as Configurações

Durante meus abortos, notei que muitas pessoas que estenderam a mão para expressar suas condolências diziam algo como "Não tenho palavras. Sinto muito" ou "Não sei nem o que dizer".

Ouvir amigos e familiares expressarem que desejavam ter as palavras certas para me confortar me impactou. As palavras podem ser curativas, mas é muito difícil saber qual é a coisa certa a se dizer quando as dificuldades surgem.

As palavras têm poder. Elas podem machucar ou curar, dependendo de como você as usa. Infelizmente, muitos de nós simplesmente não sabemos o que dizer quando os planos dão errado ou surgem dificuldades. Embora nosso desejo seja oferecer apoio ou conforto, muitas vezes parece que as palavras são insuficientes, ou resolvemos até nos calar, porque temos medo de dizer a coisa errada.

Então, depois que me recuperei de minha segunda perda, comecei a considerar seriamente a retomada da SoulScripts. Ao pensar nas pessoas que muitas vezes não sabem o que dizer e ao refletir sobre as raízes de minha loja, percebi que as palavras sempre foram meu alicerce e que a SoulScripts é uma empresa de *palavras*.

Pela primeira vez, vi uma necessidade clara que a SoulScripts poderia atender. Foi quando a missão por trás da empresa ficou evidente: "Nós lhe damos as palavras quando você não as tem."

As palavras proporcionam conforto durante tempos difíceis, dão incentivo a um sonho, as palavras têm o poder de nos manter em movimento quando estamos estagnadas. Talvez seja por isso que tantos sentem que não têm as palavras certas para dizer. Compartilhei essa ideia com alguns amigos e com Matt, e todos concordaram: *Era o que eu deveria fazer.*

Então criamos um plano para trazer de volta a SoulScripts de uma forma significativa e missionária.

Contratei mais funcionários, e minha equipe recém-criada concordou em relançar a marca em outubro de 2020, quatorze meses após o fechamento.

Nessa reunião, apresentei não apenas a necessidade que eu queria que a SoulScripts atendesse, mas também os valores, a visão e a missão de que gostaria para a empresa. Isso não teria sido possível se a loja tivesse continuado aberta. Bem, talvez até fosse *possível*, mas não teria sido uma transição tão perfeita. É muito mais fácil começar de novo quando algo está parado do que tentar mudar algo com o qual as pessoas estão acostumadas a interagir de uma maneira específica.

Anunciamos a grande novidade apenas algumas semanas antes de abrir as portas, com uma coleção de edição limitada, e a resposta foi melhor do que esperávamos. Inúmeras mulheres enviaram mensagens expressando gratidão e entusiasmo, muitas com selfies segurando antigos produtos, bem como histórias do impacto que a marca teve sobre elas no passado.

Em 1º de outubro de 2020, realizamos nossa grande reabertura, e ficamos absolutamente impressionados com a resposta. Nos meses seguintes, nossas vendas superaram a receita de antes de fecharmos, agora com um ritmo mais sustentável, *e* a empresa conseguiu operar com mais direcionamento e clareza. Recebemos várias mensagens contando o quanto o retorno e a nova coleção vinha abençoando as pessoas — pessoas tentando apoiar amigos em doenças ou perdas, mães incentivando suas filhas em épocas difíceis da vida, mulheres que precisavam de conforto ou motivação para si mesmas em uma fase em que se sentiam presas etc.

A ADVERSIDADE PODE TRAZER CLAREZA

Após a reinauguração, deixamos de nos concentrar apenas em vestuário para introduzir outros artigos, como diários, para ajudar mulheres a navegarem em estações difíceis ou simplesmente em seu dia a dia com mais intencionalidade e propósito.

Enfim, por que estou compartilhando essa história com você? Porque, quando fechei as portas da SoulScripts, pensei que me sentiria um fracasso por não ter dado conta de fazer tudo. Foi só quando me afastei — pois pode ser difícil ver a floresta inteira quando se está no meio das árvores — que comecei a vê-la de uma perspectiva diferente.

Curiosamente, o que parecia uma tragédia no início (fechar a loja) acabou gerando uma nova configuração, bela e inesperada, para essa nova fase de clareza e redirecionamento que vieram de uma temporada de adversidades.

Talvez a maior revelação tenha sido a percepção de que eu não teria encontrado esse tipo de direção e clareza se não fosse pela adversidade. Embora a clareza resultante não tenha tornado a dificuldade em si mais fácil, ela *realmente* me ajudou a ver parte do propósito e do significado disso de uma maneira que não tenho certeza se poderia ver de outra forma.

Essa é apenas uma das muitas áreas em que comecei a ver o que precisava fazer (ou não fazer) com mais clareza. Veja, a adversidade tem um jeito de fazer você reavaliar seus sonhos quando parece que perdeu o rumo das coisas. A dificuldade lhe oferece uma nova lente, através da qual é possível enxergar melhor as coisas que faz, as decisões que toma e as oportunidades à sua frente. De uma maneira única, pode esclarecer seu chamado — ou algo em seu chamado — que antes parecia nebuloso.

ABRACE SUA JORNADA

Ganhando Clareza

Se você se sente presa, insegura ou sobrecarregada, quero desafiá-la a considerar suas experiências com a adversidade. Você não precisa ter passado por uma tragédia ou um grande sofrimento.

Apenas pense em sua jornada — suas próprias provações e triunfos. O que você viveu, aprendeu ou superou? Se está enfrentando adversidades neste momento ou se superou um desafio inesperado no passado, comece por aí, com essas experiências.

O motivo? Essas experiências trazem compaixão. Elas a colocam em uma missão maior do que apenas perseguir ideias porque parecem legais.

Depois disso, pense em como essas experiências podem se cruzar com suas habilidades, experiências e/ou educação. Contar histórias havia se tornado uma habilidade minha, e considero que escrever seja meu ofício. Foi o que me fez começar a SoulScripts na faculdade, ainda como uma pequena loja na Etsy que fornecia "palavras encorajadoras para a alma".

A experiência que tinha acabado de viver, combinada com o conhecimento prático que desenvolvi ao longo do tempo, revelou-se uma oportunidade de servir as pessoas e preencher uma necessidade única de uma maneira que realmente me satisfaria (em vez de me esgotar). Só quando dei um passo para trás e passei por uma adversidade é que pude ver isso com clareza.

No entanto, em vez de criar frases fofas, pude adaptar como a SoulScripts usaria as palavras para atender a uma necessidade ou resolver um problema, baseando-me em minha própria história *de antes* de chegar ao final feliz.

Isso deu à empresa um propósito que não teria se tudo tivesse acontecido com facilidade. Em outras palavras, tive a chance de me

A ADVERSIDADE PODE TRAZER CLAREZA

basear em algo que trouxe alegria e satisfação exatamente no "meio-termo" — entre onde comecei e onde esperava estar.

Esse "meio-termo" especial existe para você também. Suas experiências a prepararam para fazer algo único, e adentrar isso será gratificante (mesmo no "meio-termo").

À medida que você cultiva uma vida de que gosta — uma que lhe traga contentamento, paz e clareza, mesmo antes de chegar aonde deseja —, considere como você pode combinar suas experiências com sua expertise para fazer sua obra com propósito e empatia.

Partir da adversidade pode nos ajudar a superar toda a pressão, o ruído e as opções que clamam por nossa atenção e, em vez disso, enxergar oportunidades únicas — que nos trarão verdadeira alegria e contentamento — com muito mais clareza.

Podemos até descobrir que o que estamos procurando está muito mais perto do que pensamos e que, em vez de construir algo que apenas parece bem-sucedido, podemos optar por construir algo cheio de significado.

Então, se você está presa, frustrada e repensando tudo, por favor, nunca se esqueça destas verdades:

- A clareza é frequentemente encontrada na adversidade.
- Desacelerar pode ajudá-la a encontrar o que procura.
- Às vezes, o que parece um contratempo pode, na verdade, ser uma boa mudança.

E, amiga, sua história — mesmo no meio de todas as fases de *quase* sucesso desconfortáveis (e dolorosas) — é muito, mas muito importante.

9

Quando Todos Realizam Sonhos, menos Você

Sabe o que torna muito difícil se alegrar com sua vida? Sentir que todos estão realizando sonhos, menos você. *Posso ouvir um amém?*

Era final de julho, apenas um mês após nossa segunda perda, e decidimos sair de férias com minha família para o Lago Tahoe. Em certo dia dessa viagem, sentei-me à beira do cais com as pontas dos pés balançando sobre o lago, quando meu celular tocou. Era uma mensagem de uma colega, me contando sobre uma grande vitória que ela acabara de ter em seu negócio. Considerando que minha vida profissional, minhas aspirações e meus planos haviam sido arremessadas para longe várias vezes naquele ano devido a crises pessoais e mundiais, eu quase podia sentir fisicamente a inveja. *Como ela conseguiu fazer isso? Eu não consigo nem descansar!*

Comecei a digitar uma resposta, mas estava lutando para encontrar as palavras certas. Enquanto tentava entender por que parecia tão fácil para ela — enquanto eu continuava batendo a cabeça na

ABRACE SUA JORNADA

parede, não importando o que tentasse naquele ano —, comecei a deletar as palavras que já tinha digitado. Esperei o sentimento passar, respirei fundo e decidi esperar um pouco para responder.

Algum tempo depois, meu celular tocou novamente com a mensagem de outra amiga compartilhando outra grande notícia: ela estava grávida.

Um caroço do tamanho de uma bola de golfe se formou na minha garganta e quase derrubei o aparelho na água. Olhei para a mensagem por um momento, em descrença. *Só pode ser brincadeira. Por que ela está me dizendo isso? E como devo responder?*

Pensei no que fazer.

Se disser a ela que estou feliz, vai soar falso, porque não me sinto feliz por ela agora. Mas não posso contar a verdade, posso? Seria rude.

Você já se viu em situações como essas? Você sabe do que estou falando, né? Aqueles momentos em que as mesmas coisas pelas quais você esperava, trabalhava e orava parecem acontecer perfeitamente para todas as outras pessoas.

Apenas alguns dias depois de terminar um namoro, sua melhor amiga fica noiva. Horas depois de seu filho ter um grande problema, sua vizinha posta sobre a grande conquista de sua filha no Facebook. Ou apenas algumas semanas depois de ter perdido a vaga dos seus sonhos, sua irmã recebe uma grande promoção.

É como levar um soco quando você pensava que estava se reerguendo.

Alguém lhe conta uma grande novidade, e você congela enquanto vários pensamentos chacoalham em seu cérebro.

Ai! Isso é tão injusto.

Eu não me sinto feliz com isso.

Mas eu sei que deveria estar feliz por você.

Seria rude não responder.

Como eu respondo, então?

Socorro.

Mais uma vez, decidi que talvez fosse melhor não responder naquele momento. Minhas emoções estavam fervilhando, e eu não queria acabar com a alegria da outra pessoa simplesmente porque não podia compartilhá-la. Então desliguei meu celular, olhei para a água por um momento e depois entrei em nossa hospedagem para pegar um picolé enquanto organizava meus pensamentos.

Enquanto pensava em tudo, a inveja voltou. Depois, a culpa por sentir isso. Claro, o que só piorou o problema.

Então resolvi mandar uma mensagem para minha terapeuta. Depois de explicar a situação, eu disse: "Estou tendo muita dificuldade para me alegrar pelas conquistas dos outros e me sinto uma péssima amiga."

Primeiro ela validou meus sentimentos e depois enviou uma resposta: "Se alegrar pelas conquistas alheias é uma norma social, mas muitas vezes não é como o cérebro efetivamente funciona nessas situações. Afaste-se dessas situações e dê a si mesma o tempo de que precisar."

Se alegrar pelas conquistas alheias é uma norma social, mas não é como o cérebro efetivamente funciona.

Ela continuou, explicando que há muitos equívocos em torno de se alegrar por alguém. Muitas vezes, acreditamos que, para sermos felizes ou celebrar a vitória de alguém, devemos ter os mesmos sentimentos de exaltação que a pessoa. Mas isso nem sempre é tão fácil quanto parece. Em vez disso, podemos mostrar nosso apoio sem necessariamente vibrarmos ou fazermos uma grande festa. Em outras palavras, é possível demonstrar solidariedade enquanto ainda nos sentimos tristes, confusas ou desanimadas. Apoio e tristeza podem existir simultaneamente, e às vezes, para apoiar de verdade aqueles que amamos, precisamos dar um passo para trás antes.

Eu acreditava que a *única* resposta apropriada era igualar a felicidade de alguém ao mesmo nível de excitação. Talvez seja a coisa esperada a se fazer, mas eu queria encontrar a resposta mais *genuína* e *saudável*.

Além disso, como cristã, estava familiarizada com o versículo que diz: "Alegrem-se com os que se alegram; chorem com os que choram."[1]

Mas não tinha certeza de qual era a resposta apropriada quando se está vivendo um luto pelo mesmo motivo que outra pessoa está se alegrando. Você deveria saltitar com essa pessoa, mesmo que pareça falso? Existe uma maneira de apoiar a alegria de uma amiga sem ignorar ou negar os sentimentos muito reais que essa felicidade alheia pode trazer a você?

Pergunto-me se seguir esse princípio — de que podemos reconhecer nossa mágoa, em vez de responder a alguém com falsa felicidade — poderia ter salvado muitos de nós de anos de ressentimento acumulado ou inveja oculta, dando-nos permissão para validar nossos sentimentos e tomar o espaço de que precisamos para poder apoiar o próximo *genuinamente*.

Por mensagem de texto, é possível esperar um pouco para responder, para que possamos organizar nossos pensamentos ou até mesmo desabafar sobre nossos sentimentos com alguém em quem confiamos. Pessoalmente, você pode dar os parabéns e, depois, tomar o espaço ou o tempo de que precisa para processar o baque após o encontro.

---

[1] Romanos 12:15.

QUANDO TODOS REALIZAM SONHOS, MENOS VOCÊ

Talvez, pela primeira vez na minha vida adulta, eu tenha me dado permissão para não fingir estar mais feliz do que estava, apenas porque essa era a expectativa da sociedade. Eu levaria um tempo para trabalhar em mim mesma e digerir a informação para que, eventualmente, pudesse apoiar minhas amigas genuinamente, mesmo que de longe.

Enquanto estava sentada em uma espreguiçadeira do lado de fora da hospedagem, segurando meu picolé, meu irmão passou por mim. "Ei", disse ele. "Por que tão pra baixo?"

"Ah, ei, irmãozinho. Só um pouco chateada hoje."

"Bem, e o que faria você se animar?"

Dei de ombros. "Não sei. Talvez comprar uma boia enorme em algum lugar, ficar no lago e desconectar pelo resto do dia."

Um sorriso enorme surgiu em seu rosto. "Vamos!"

Então entramos na caminhonete e fomos até as lojas de ferramentas e mercearias locais para ver se tinham botes infláveis ou boias. Não tinham. Tentamos outra loja, e também não havia mais nenhuma.

"Nossa, quem diria que boias infláveis seriam *tão* populares por aqui?", brinquei quando saímos e olhei para o enorme lago do outro lado da rua.

Como última alternativa, paramos em mais uma loja. Para nossa surpresa, *tinham* boias infláveis, embora não exatamente as que eu tinha em mente.

"Bem, Jord", perguntou ele, "você quer o flamingo ou o unicórnio?"

Pensei por um minuto. *Com certeza* o flamingo.

O balconista teve a gentileza de inflá-lo para nós, e eu passei o resto da tarde sob o sol, boiando em um grande flamingo cor-de-rosa e tomando uma bebida gelada.

Por mais fraca que minha fé estivesse na época, conversei um pouco com Deus. Admiti a amargura que senti ao me comparar com meus amigos. Pedi ajuda para acreditar que, mesmo quando não fizesse sentido aos meus olhos, Ele estava escrevendo uma história bonita e com propósito, não apenas para outras pessoas, mas também para mim.

Isso acabou com minha dor ou decepção? Não.

Fez a situação parecer mais justa? De jeito nenhum.

Mas quer saber o que *aconteceu*?

Isso me ajudou a lembrar e reconhecer as coisas como verdadeiramente eram, quando parecia que tudo no mundo era injusto e quando passei a acreditar na mentira de que os sonhos de todos, menos os meus, se tornariam realidade.

A lição que aprendi? Você não precisa fingir que uma situação injusta ou gatilho não a incomoda. Às vezes, a melhor coisa que podemos fazer é parar, nos recompor, respirar e confiar que o meio em que nos encontramos não é o fim de nossa história.

À medida que o sol se punha naquele dia, digitei a seguinte resposta para minhas duas amigas: "Meus parabéns, amiga. Que momento emocionante para você. Quero ser honesta e dizer que estou passando por uma fase difícil, e não quero projetar nenhum sentimento negativo em um momento que deveria ser de tanta celebração. Então, por favor, saiba que estou amando e apoiando você de longe."

Adicionei alguns emojis de coração, apertei "enviar" e prendi a respiração quando três pontinhos apareceram para me informar que elas estavam digitando uma resposta.

Consegue adivinhar o que aconteceu?

Nenhuma delas ficou ofendida ou chateada. Na verdade, ambas responderam com compreensão e até gratidão por minha resposta autêntica!

Que tal?

Em situações como essas, acho que muitas vezes acreditamos que precisamos forçar um sentimento que *deveríamos* ter, mesmo que, no momento, pareça falso.

Naquele dia, aprendi que, quando nos deparamos com a dor de ver nossos sonhos acontecendo na vida de outra pessoa, *é* possível honrar a alegria de uma amiga *e* sermos honestas sobre nossos sentimentos sem fazer com que essa pessoa se sinta culpada pelo bem que está acontecendo na própria vida. Quando você está estagnada e parece que todos ao seu redor estão uma etapa à frente, dê a si mesma apreço e, quando possível, espaço. Flutue em um grande flamingo cor-de-rosa, se for preciso. Por mais difícil que seja ver seus sonhos se tornarem realidade para outras pessoas, tente ver isso como *mais* que um lembrete do que é doloroso. Em vez disso, ouse acreditar que também é um lembrete do que é possível.

O Outro Lado da Armadilha da Comparação

Algumas semanas depois, em uma tarde de agosto, eu estava sentada no quintal, tomando uma limonada e tentando bronzear minhas coxas, quando um pensamento peculiar me veio à mente.

Passei tanto tempo no último mês me comparando com os outros e me sentindo atrasada. Mas me pergunto se outras mulheres já olha-

ram para minha vida, se compararam a mim e se sentiram para trás de outras maneiras.

Pensei em minhas amigas solteiras que frequentemente diziam que queriam encontrar um cara decente. Como se sentiram no dia de meu casamento dos sonhos? Perguntei-me se elas se sentiam um pouco como eu, naquele momento, comparando-me com mulheres que tinham alcançado o que eu queria.

Pensei em minhas amigas que se sentiam insatisfeitas em suas carreiras. Percebi que elas provavelmente compararam suas carreiras com a minha em um ponto ou outro, mesmo quando encontrei obstáculos em meu negócio. Certamente, foi difícil para essas amigas ouvirem sempre que eu falava sobre os desafios que estava tendo no meu emprego dos sonhos, certo?

Peguei meu celular e mandei mensagem para algumas amigas perguntando sobre isso, para que pudessem confirmar ou refutar minha hipótese.

Para minha surpresa, a hipótese foi confirmada. Uma amiga, de fato, estava se sentindo atrasada quando o assunto era casamento, em comparação a mim, e outra certamente olhou para sua carreira e sentiu que não havia realizado nada em sua vida, se comparada a mim.

Uau, pensei, *estamos todas fazendo a mesma coisa, apenas de maneiras diferentes.*

Ninguém está para trás; estamos todas em lugares diferentes. Por exemplo, muitas amigas que nunca sofreram abortos e tiveram facilmente vários filhos não experimentaram a satisfação que tenho em minha carreira. Algumas outras amigas que estão passando por marcos na carreira não encontraram o parceiro certo ou tiveram o coração partido pela pessoa com quem pensavam que ficariam para sempre.

QUANDO TODOS REALIZAM SONHOS, MENOS VOCÊ

Assim como eu me sentia atrasada em uma área da vida, as mulheres ao meu redor se sentiam atrasadas em outras.

Colocar as coisas em perspectiva me ensinou algo que quero passar para você. Lembre-se disso quando olhar ao redor e sentir que todos estão realizando sonhos, menos você: todos nós teremos que batalhar nesta vida. Pode ser em momentos diferentes e de maneiras diferentes, mas ninguém nunca nos prometeu vidas fáceis ou perfeitas, embora a sociedade e as redes sociais geralmente gritem "Você pode ter tudo", fazendo-nos pensar que ter tudo nos tornará completas.

A verdade é que talvez não consigamos ter tudo ao mesmo tempo. Pode haver uma época em que temos a família que esperamos, mas ainda não podemos pagar pela casa dos sonhos ou não podemos avançar tão rápido em direção às nossas aspirações profissionais quanto gostaríamos. Ou pode haver uma fase em que podemos avançar rapidamente em nossas carreiras, mas ainda não temos o marido dos sonhos ou filhos fofos. Tudo vem em fases, minha amiga. E essas fases são um pouco diferentes para cada uma de nós.

Antes de continuar, quero falar sobre algo que você pode estar pensando. Você pode estar pensando em alguém que conhece pessoalmente ou segue online, e essa pessoa tem uma bela casa, um marido amoroso, filhos queridos, boa aparência e uma carreira de sucesso. Ela com certeza parece ter tudo. Suponho que depende de como você define "tudo". É possível que ela tenha uma doença crônica que você não sabe? Um relacionamento ruim com a mãe? Um trauma de infância que a afeta diariamente? Claro que é possível. Na verdade, é provável que haja algo que atrapalhe a vida dela todos os dias — mesmo que, para você, tudo pareça perfeito.

No entanto, no caso de você ter plena certeza de que ela tem tudo, digamos que a vida seja tão perfeita e indolor quanto pareça. Claro, pode ser possível ter tudo por um tempo. Eu chamaria isso de uma boa fase — um presente para apreciar e desfrutar, porque não durará a vida toda. Provavelmente nem durará muito. Quase posso garantir que alguma parte disso inevitavelmente será interrompida. Seja porque a empresa faz cortes, surge uma pandemia ou alguém na família adoece ou perde o rumo, a vida não ficará impecável para sempre. Algo quase sempre será interrompido para cada um de nós, assim como parece que todas as peças sempre se encaixam. Por quê? Porque vivemos em um mundo imperfeito e a vida é confusa. Eu gostaria de ter uma resposta melhor, mas não tenho certeza se isso é algo que entenderemos completamente deste lado do paraíso.

Então, em vez de tentar decidir quem está melhor ou pior, ou se perguntar se estamos atrasadas, talvez seja importante lembrar que os "quase lá" de todos são diferentes e a época de sofrimento e/ou de espera também vem em momentos diferentes. Alguns experimentam a batalha durante a infância, outros em seus 20 anos, e alguns não realizam sonhos até tarde na vida.

Mas o ponto é que todos nós enfrentaremos percalços em algum ponto ou outro; ninguém está imune. Nem mesmo a mulher que você acha que tem a vida perfeita. Assim como vivenciei, a sensação de ter tudo pode acabar em um piscar de olhos.

Comparar sua existência com as experiências dos outros só lhe rouba seu próprio contentamento. Isso inibe seu próprio processamento e sua jornada em direção às suas ambições — seu objetivo na vida. Concentrar-se demais no que está acontecendo na vida de outra pessoa também a impede de ver a maneira como Deus está operando na sua.

Quando seu plano "perfeito" enfrenta um obstáculo doloroso, você pode se concentrar no obstáculo e comparar sua vida com a vida daqueles que não têm o mesmo a enfrentar. Ou pode focar sua vida e comemorar o quão longe você chegou, apesar do empecilho.

Claro, você deve se perguntar: "Parece tudo fofo e lindo, mas como eu realmente faço isso? Especialmente quando parece que tudo está dando errado na minha vida?"

Continue a Caminhada

Quando a vida parece totalmente injusta, a inveja brota. A inveja leva à amargura. Sem controle, ela é como uma erva daninha que sufoca nosso crescimento. Em vez de florescer onde estamos, começamos a nos sentir sufocadas e presas em nossas circunstâncias. Naturalmente, olhamos e vemos quão maravilhosa a vida de outra pessoa parece ser, quão naturalmente essa pessoa parece estar florescendo, e antes que percebamos, a amargura nos faz acreditar na mentira de que estamos para trás. Como resultado, ficamos presas. Às vezes ficamos tão presas, que nem reconhecemos oportunidades ou portas abertas bem à nossa frente — porque estamos muito focadas nas portas fechadas.

Desde aquele dia no Lago Tahoe, tive que me esforçar consistentemente para me lembrar de que uma vida de contentamento e propósito não é estar à frente ou ficar sempre em primeiro lugar. Em vez disso, trata-se de *escolher* florescer mesmo quando nos sentimos atrasadas ou não temos tudo (porque é assim na maioria das vezes), manter a fé e acreditar na verdade de que o sucesso de outra pessoa em uma área específica não significa o nosso fracasso.

Eu sei, soa bem na teoria, mas parece impossível de colocar em prática. Sinceramente, não descobri como reprogramar meus sentimentos de forma imediata. Imagino que você também não. Não é tão simples quanto dizer: "Não importa. Eu não quero mais me sentir assim." Por isso, escolher florescer é mais do que simplesmente decidir se sentir diferente. É tomar providências. É mudar nosso foco e permitir que nossos sentimentos sigam o exemplo. Por exemplo, quando começamos a sentir inveja, que estamos ficando para trás ou descontentes, podemos escolher fazer algo que dá prazer e ânimo — como preparar nossa sobremesa favorita, ler um livro ao ar livre, nos voluntariarmos por uma causa, planejar uma festa animada ou um encontro duplo —, e essa ação pode nos ajudar a mudar o foco de *Estou para trás* para *Mesmo aqui, encontrarei várias maneiras de apreciar a vida.*

Em outras palavras, quando expectativas não atendidas e sonhos desfeitos nos deixam com a sensação de que ficamos para trás, a maneira como cuidamos do solo em que estamos plantadas pode fazer uma grande diferença.

Quando me sinto deprimida e digo a mim mesma que estou estagnada, começo a acreditar na mentira de que meu tempo está se esgotando. Focar quão longe estou de um marco pessoal ou profissional que esperava alcançar me deixa bem infeliz. No entanto, quando desvio o olhar de minha linha do tempo planejada e concentro minha energia na criação de uma vida adorável (jardinagem, voluntariado, escrever um diário, culinária, boiar em um lago etc.), sinto a satisfação de estar em busca do que acredito que encontrarei quando finalmente chegar a esse marco.

Confesso que nem sempre acerto. Às vezes o medo me paralisa, e faço exatamente o oposto do que sei que preciso fazer. Admito isso porque tenho certeza de que, apesar de seus melhores esforços, a mesma coisa pode acontecer com você. Dito isso, posso sentir fisicamente a diferença quando entro em ação. Sinto-me mais leve, mais viva e realizada. Se as circunstâncias deixaram você se sentindo para trás, quero que mude isso também.

Quando começo a me sentir estagnada ou atrasada, três perguntas me ajudam a olhar com mais carinho para minha vida:

1. Comparado a quem?

2. Que desejo não foi atendido em minha vida?

3. Como posso cuidar dos desejos de meu coração antes mesmo que um sonho se torne realidade?

Vamos destrinchar cada uma dessas perguntas.

1.
Comparado a Quem?

Com quem estou me comparando e como posso considerar a situação geral? Como disse antes, quando vejo uma área ou problema em que estou fixada de longe, percebo que a pessoa ou pessoas com quem estou me comparando provavelmente se sentem presas ou atrasadas em áreas diferentes.

Sempre que começar a acreditar na mentira de que você está de alguma forma para trás, considere com quem está se comparando. Em seguida, afaste-se. Veja a situação como um *todo*, não apenas a área específica onde se sente atrasada, e perceberá que aquilo em que acredita não é completamente verdade.

2.
Que Desejo não Foi Atendido em Minha Vida?

Quando você tropeça perto da linha de chegada ou fica aquém de um objetivo — ou quando os sonhos de todos se realizam e os seus não parecem estar perto de se tornarem reais —, quero que pense em algo. Em vez de se fixar na coisa específica que gostaria que estivesse acontecendo, tente se concentrar no desejo mais profundo por trás disso. Se seu sonho é se casar, seu desejo mais profundo provavelmente é amor e companheirismo. Se seu sonho é subir na carreira, então seu desejo mais profundo pode ser criar ou alcançar algo. Se seu sonho é aumentar a família, seu desejo mais profundo pode ser cuidar de alguém.

A lista poderia continuar, mas tenho certeza de que você entendeu. Quando começar a se sentir atrasada, estagnada ou descontente em suas esperanças e sonhos que foram quase, mas não totalmente alcançados, considere o desejo mais profundo que está sendo deixado de lado quando um sonho específico se destrói ou leva mais tempo do que gostaria para se tornar realidade. Isso é fundamental para entender a etapa 3.

3.
Como Posso Cuidar dos Desejos do Meu Coração Antes Mesmo que um Sonho Se Torne Realidade?

Embora esses desejos possam não ser atendidos da maneira que gostaríamos ou seguindo a linha do tempo que preferimos (encontrar um cônjuge, ter uma família ou construir uma carreira gratificante infelizmente não são tão simples quanto escolher algo na prateleira do supermercado), *podemos* encontrar maneiras de atender a esses bons desejos antes de alcançarmos nosso sonho por completo.

Será o mesmo que seria se nosso sonho se tornasse realidade? Claro que não. Ainda assim, descobri que há algo poderoso em continuar seguindo em frente nesse meio-tempo (em vez de ficar deprimida e me comparando com os outros).

Por exemplo, alguns meses depois de minha segunda perda, senti uma necessidade profunda e incessante de cuidar de alguém. Senti-me vazia, e foi muito difícil. Depois de um tempo, comecei a perguntar: *Do que posso cuidar agora?* Escolhi investir em minha saúde, em meu casamento e também cuidar de um jardim.

Esse jardim é o mesmo sobre o qual falei no Capítulo 1 — aquele que plantei na estação errada e que falhou miseravelmente, mas que atendeu a uma necessidade profunda que eu tinha naquela fase. Embora não tenha sido do jeito que havia planejado originalmente, cuidar das plantas foi uma maneira enriquecedora de continuar em movimento nesse meio-tempo.

Pode ser diferente para você. Digamos que algo surgiu em sua vida pessoal e atrapalhou seus planos de construir uma carreira como artista musical. Seu desejo de criar por meio da música foi deixado de lado. Isso significa que você precisa parar de criar? De jeito nenhum. O que você cria nessa fase pode apenas ser diferente do que pensava. E você pode ser capaz de realizar esse desejo que há em seu coração se voluntariando para trabalhar em um acampamento musical de verão para crianças carentes, participando do grupo de música de sua igreja ou fazendo outra coisa que ainda esteja alinhada com esse sonho e seja gratificante. Além disso, você pode se surpreender ao ver como isso pode aprimorar sua visão, refinar seu talento e moldar seu futuro — para melhor.

Quando parece que todos estão realizando sonhos, menos você, o objetivo não é fingir que está tudo bem. O objetivo é ter um plano de ação para se recuperar do baque e se livrar da mentira de que você está para trás. Isso a ajudará a estar presente, firme e contente no lugar sagrado ao qual foi designada para florescer hoje.

Lembre-se: o fato de que você não alcançou seu destino não significa que está em um beco sem saída. Você simplesmente está no meio de seu caminho divino. Eu lhe desafio a encontrar maneiras enriquecedoras de se mover mesmo aqui, no meio do caminho, mesmo quando você se sente estagnada entre onde começou e aonde espera chegar.

10

Arranque pela Raiz as Mentiras em que Você Acredita

Quando algo dá errado em sua vida, você já se pegou olhando para a esquerda e para a direita e achou que todos ao seu redor pareciam ter conquistado tudo de forma mais fácil? E então você pensou: *Por que eu? Por que isso está acontecendo comigo?* Se você pudesse me ver agora, veria que estou levantando a mão timidamente.

Tenho certeza de que você também já se fez essa pergunta. Quando alguém é escolhido para a terceira promoção de emprego consecutiva, talvez você se pergunte: *Por quê?*

Ou quando você tem uma empresa e descobre que um de seus funcionários está lhe roubando, pode se comparar com sua melhor amiga que aparentemente tem um negócio perfeito e questione: *Por que isso está acontecendo comigo?*

Talvez você tenha tido uma infância complicada e sinta que está sempre um passo atrás de seus pares. Quando tem um dia difícil ou vê alguém que parece estar avançando na vida como se isso fosse simples, talvez olhe para o seu íntimo e se pergunte: *Por que eu?*

Se tiver uma doença ou alguma lesão e todos os outros em sua comunidade ou de sua idade parecem saudáveis, você pode ficar tentada a perguntar: *Por que eu?*

Se você teve uma perda que poucos de seus colegas podem realmente entender, também pode se fazer essa pergunta.

Tenho certeza de que, se você tem um coração batendo no peito — ou seja, se é um ser humano —, já se perguntou *Por que eu?* em algum momento da vida.

Embora acredite que seja natural refletir sobre essa questão quando nos sentimos atrasadas, magoadas ou desanimadas, também sei como isso pode nos deixar congeladas no mesmo lugar. Se não tomarmos cuidado, podemos insistir nessa pergunta, o que leva a um círculo vicioso. Então fica ainda mais difícil se levantar, manter a esperança e continuar seguindo o que é mais importante.

*Por que **não** Eu?*

Certa noite, minha amiga Mel me visitou para conversar. Ela trouxe o jantar e uma garrafa de vinho, nos sentamos à mesa da minha cozinha e conversamos por horas. Depois que ela me contou um pouco sobre sua vida, me olhou nos olhos, colocou a mão no meu braço e perguntou: "Então, como você está?"

Mel não é alguém para quem eu possa mentir. Pensei em quanto eu ainda sofria pelas perdas, bem como em vários outros momentos que me senti decepcionada no último ano. Disse a ela que estava perguntando *Por que isso está acontecendo comigo?* com muito mais frequência do que no passado.

Eu disse: "Simplesmente não faz sentido. Sei que provavelmente nunca terei as respostas, mas quero saber por que essas coisas aconteceram comigo. Por que tantas coisas dolorosas e que colocaram minha vida de cabeça para baixo? Toda vez que eu pensava que teria uma folga, outra coisa dava errado."

Mel pensou na minha pergunta por um minuto antes de responder. "Sei que não tive as mesmas experiências que você", respondeu ela depois deu uma garfada do macarrão. "Mas eu também já me fiz essas perguntas. Na verdade, me faço muito essa pergunta quando se trata de ainda ser solteira. Muitas vezes, vejo casais felizes e me pergunto: *O que estou fazendo de errado? Por que isso não acontece comigo?*"

Ufa. Pelo menos ela não acha que estou louca.

Minha amiga continuou: "Mas Deus nunca disse que a vida seria justa ou fácil para qualquer uma de nós. E por mais que desejasse que coisas difíceis não tivessem acontecido com você, uma parte de mim também se pergunta: *Bem, por que* não *com você, J?* É possível que as mesmas coisas pelas quais Deus permitiu que você passasse sejam parte do que Ele fará por meio de você. E se essas experiências forem o que a moldará para entrar no que Ele realmente a criou para fazer?"

Sem saber o que ela queria dizer, lancei um olhar cético e pedi que continuasse enquanto eu colocava outra porção de macarrão no meu prato.

"Eu não acho que o que você viveu foi sem sentido", prosseguiu ela. "Odeio o fato de que você teve que sentir tanta dor, mas não posso deixar de acreditar que essas partes da sua história serão usadas para criar uma mudança muito positiva no mundo. Então, por mais chato que seja, por que *não* com você? Por que não comigo? Deus pode — e consegue — fazer coisas bonitas a partir de nossos reveses,

ABRACE SUA JORNADA

lutas e até sofrimentos. E acredito que as coisas que você enfrentou são apenas o começo de algo bonito."

Naquele momento, não conseguia decidir se estava me sentindo encorajada ou incomodada com as palavras. Com toda a honestidade, não queria ser moldada ou refinada. Queria ser feliz, completa e me sentir confortável. Queria que as coisas funcionassem. *Por que Ele simplesmente não estalava os dedos e me preparava para o que quer que tivesse para mim?* Não queria passar por contratempos frustrantes e não gostava da ideia de que um Deus bom precisaria usar de lutas e sofrimentos para me preparar para algo — mesmo que isso *fizesse* parte de meu chamado. Mas então Mel e eu conversamos sobre Jesus e como até mesmo Ele caminhou pelo fogo ardente do sofrimento para cumprir Seu destino — para a minha e a sua salvação. Imediatamente, passei a enxergar tudo de maneira diferente. Vi que os caminhos de Deus, embora difíceis de compreender completamente, não precisam fazer sentido para mim, porque têm uma beleza divina única.

Quando terminamos nossa conversa, eu a abracei e agradeci pelo apoio. Lavamos os pratos enquanto conversávamos um pouco mais antes de ela ir embora.

Como já compartilhei, ganhos inesperados podem nascer de uma dor indesejada. Então, por que contei essa história agora? Compartilho essa conversa com você porque me surpreendi quando minha amiga inverteu a questão e perguntou: "Por que *não* com você?"

Embora tenha levado algum tempo, essa conversa acabou me encorajando de muitas maneiras.

É importante frisar que Mel me disse isso vários meses depois dos golpes que sofri, e foi por isso que consegui aceitar. Será que se ela dissesse isso no dia seguinte a uma de minhas perdas ou no meio do que parecia um caos absoluto em meus negócios, quando estávamos no início de uma pandemia, eu teria recebido da mesma maneira? Eu não teria apreciado uma perspectiva como essa, mesmo que houvesse verdade em suas palavras.

Então, se você está se recuperando de um golpe recente, seja uma perda profundamente dolorosa ou simplesmente uma confusão inconveniente, essas palavras podem não ressoar em você nesse momento. E tudo bem. Elas não precisam fazer isso agora. Às vezes, só depois de termos tempo para processar e começar a seguir em frente é que podemos receber um encorajamento como esse. Caso contrário, ele nem sempre parecerá um incentivo.

Algumas horas depois, me arrastei para a cama e abri um livro que estava lendo, *A Grace Disguised* [Uma Graça Disfarçada, em tradução livre], de Jerry Sittser. Devorei vários capítulos, até que um ponto me fez parar. O título do Capítulo 9 era "Por que *não* Eu?".

Tive que ler de novo só para ter certeza de que meu cérebro não estava me pregando uma peça. Claro como o dia, o título ainda era "Por que *não* Eu?".

Sem chance.

Mergulhei de cabeça. O capítulo essencialmente se concentrava em como a vida não é justa — assim como Mel e eu havíamos conversado horas antes —, e o autor falava sobre sua própria luta com a pergunta *Por que eu?* quando passou por um sofrimento.

Já passava da meia-noite, mas continuei lendo, absorvendo cada palavra. Os parágrafos a seguir afirmavam tudo o que Mel havia dito:

> Certa vez, alguém me fez a pergunta oposta: "Por que *não* eu?" Não foi uma pergunta fatalista, porque a pessoa não era assim. Ele fez essa pergunta depois que sua esposa havia morrido de câncer... Ele não conseguia explicar por que sua vida tinha se tornado ruim, assim como não

ABRACE SUA JORNADA

conseguia explicar por que sua vida tinha sido tão boa até esse ponto. Ele escolheu crescer em uma família estável? Teve controle sobre onde, quando ou para quem nasceu? Determinou sua altura, peso, inteligência e aparência? Ele era uma pessoa melhor do que um bebê nascido de uma família pobre em Bangladesh? Ele concluiu que muito da vida parece simplesmente acontecer; está além do nosso controle...

"Por que eu?" parece ser a pergunta errada a se fazer. "Por que não eu?" está mais próximo da verdade, uma vez que consideremos como a maioria das outras pessoas vive...

Posso esperar viver uma vida inteira livre de decepção e sofrimento? Livre de perdas e dores? A própria expectativa me parece não apenas irreal, mas também arrogante.[1]

Larguei o livro enquanto tentava recuperar o fôlego e digerir aquelas profundas palavras. Talvez eu estivesse fazendo a pergunta errada o tempo todo. Talvez Mel estivesse certa. Talvez precisasse começar a me perguntar: *Por que* não *eu?*

Quando pensamos *Eu mereço XYZ* ou *Deveria ser fácil*, focando algo simples ou mais sério, falta-nos uma perspectiva importante. Sei que isso é difícil de ouvir, mas se olharmos em volta, para tudo com o que fomos inexplicavelmente abençoadas enquanto consideramos apenas nosso sofrimento, podemos ficar presas a uma mentalidade de vítimas.

---

[1] Jerry Sittser, *A Grace Disguised: How the Soul Grows Through Loss,* ed. rev. (Grand Rapids, MI: Zondervan, 2004), 122–24.

ARRANQUE PELA RAIZ AS MENTIRAS EM QUE VOCÊ ACREDITA

Essa é uma experiência que nos torna mais humildes, para dizer o mínimo. Quando penso nas palavras de Jerry à luz de minhas próprias experiências, isso me faz pensar: *Por que coisas difíceis não deveriam ter acontecido comigo? Eles acontecem com todo mundo — e não sou melhor que ninguém.*

Isso não faz com que o que está faltando doa menos, nem deve invalidar seus sentimentos quando a vida lhe sacode. No entanto, isso traz perspectiva para que possamos aprender a olhar através de uma lente que nos ajuda a diminuir o zoom de nossa visão estreita do mundo e ver a realidade com mais plenitude. Se você se pergunta *Por que eu?*, quero encorajá-la a virar a página e passar a se perguntar: *Por que* não *eu?*

Às vezes acho que precisamos de uma dose de realidade da expectativa sutil de que coisas difíceis ou decepcionantes acontecem apenas com os outros. Como Sittser apontou, isso é uma coisa bastante irreal e, talvez, até arrogante de se pensar. Todos teremos cruzes para carregar. Em um mundo que diz que devemos querer tudo, Deus quer nos transformar nas mulheres fortes e transformadoras que Ele nos criou para ser, mesmo que seja por meio de dificuldades.

Temos a oportunidade de abraçar nossos contratempos, nossas lutas e nossos sofrimentos — não fugir deles, mas permitir que Deus os use para o bem. Para ser honesta, às vezes não consigo deixar de me perguntar se a dor pela qual passamos e as decepções que enfrentamos podem ser a origem de mais do que apenas sonhos. Na verdade, talvez seja *nessas* situações que descobrimos e nos preparamos para nosso chamado — como cultivaremos vidas que não sejam apenas fáceis, mas que realmente deixem um legado.

Arranque as Mentiras pela Raiz

Além da pergunta "por que eu?", que está enraizada na crença equivocada de que devemos ser imunes a coisas duras ou aparentemente injustas, outras atitudes e tendências doentias podem surgir quando a vida nos derruba ou atrapalha nossos sonhos.

Alguém me disse uma vez: "Cuidado como fala consigo mesma e esteja atenta aos pensamentos que nutre. São necessários apenas duzentos pensamentos para criar uma crença."

Em outras palavras, se eu achar que *Isso nunca vai funcionar para mim* duzentas vezes, esse pensamento se solidificará como uma crença em meu coração.

A pessoa explicou que, uma vez que algo se torna uma crença, é muito mais difícil removê-la, porque ela cria raízes. Torna-se como uma erva daninha em um jardim e dá muito trabalho para arrancar.

Você já deixou que as mentiras da comparação ou uma mentalidade de vítima se enraizassem em sua vida — talvez por meio de pensamentos como *Isso nunca vai funcionar do jeito que eu espero* ou *Isso não vai acontecer comigo*? Se você foi sincera e respondeu sim, está em boa companhia aqui. Eu também já fiz isso.

Quer saber o que me ajudou? Eu arranquei as ervas daninhas.

Não digo isso como uma metáfora fofa. Quero dizer literalmente.

Permita-me explicar. Era um fim de semana de final de verão, e Matt e eu percebemos que precisávamos colocar em dia alguns trabalhos de jardinagem que havíamos negligenciado durante toda a estação. Nossa pobre propriedade começou a parecer abandonada. Então começamos com os canteiros. Por alguma razão, os primeiros donos de nossa antiga casa acharam uma boa ideia colocar mil canteiros por toda a propriedade de 1,2 hectare. Certo, talvez não fossem mil canteiros, mas com certeza pareciam mil. Claro, eles eram difíceis de manter, e não tínhamos muito tempo para cuidar deles.

Muitas das ervas daninhas haviam crescido até minha altura, então coloquei luvas de jardinagem e comecei a trabalhar. No início, saíam com apenas um pequeno puxão, mas então encontrei ervas daninhas que criaram raízes como as de uma pequena árvore. Parecia que não importava o quanto eu puxasse, simplesmente se recusavam a ceder.

Enquanto puxava com todas as minhas forças, tensionando cada músculo de meu corpo, decidi fazer algo que nunca tinha feito antes. Eu atribuía a cada erva daninha uma mentira em que estava acreditando e que começou a criar raízes em mim.

"Essa erva daninha, essa enorme, é a mentira de que meu corpo me traiu", disse a mim mesma enquanto pensava nos abortos que tive, e usei cada fibra de meu ser para dar um último grande puxão.

Alimentada pela determinação de arrancar aquela maldita mentira, continuei puxando, até que as raízes da erva daninha começaram a soltar. Puxei um pouco mais forte, e as raízes saíram do solo tão rapidamente, que quase caí de costas no chão.

Não podia acreditar! Eu tinha conseguido! Com meus AirPods tocando música em meus ouvidos, fiz uma dancinha para comemorar a conquista. Olhei para a entrada e vi Matt, com o boné virado para trás, balançando a cabeça e rindo de mim.

Quando me deparei com outra erva daninha aparentemente impossível, fiz a mesma coisa.

"Esta é a mentira de que Deus se esqueceu de mim."

"Esta é a mentira de que sou um fracasso."

"Esta é a mentira de que XYZ não está funcionando por minha causa."

"Esta é a mentira de que meus projetos de negócios sempre ficarão aquém de meus objetivos."

"Esta é a mentira de que meus sonhos estão fadados a terminar em decepção."

E assim por diante.

Toda vez que atribuía uma mentira a uma erva daninha, de alguma forma encontrava forças para arrancá-la.

Algumas foram uma verdadeira luta, mas o significado do que estava fazendo me deu coragem e determinação para não desistir até que conseguisse arrancar cada uma delas.

Quando o sol começou a se pôr, minhas costas doíam e o suor cobria minha camisa.

Matt se aproximou depois que terminou de cortar a grama. "Uau, alguém está trabalhando duro!"

Eu ri e respondi: "Quem diria que arrancar essas ervas daninhas monstruosas poderia ser tão empoderador?"

Pela primeira vez em meses, senti minhas forças de volta. Não me sentia como uma mulher fraca e sem esperança, dominada pelo desespero ou enredada nas mentiras em que vinha acreditando. Senti que tinha escolha sobre o que permitiria criar raízes em minha vida... e o que eu absolutamente não deixaria. Tudo porque havia decidido enfrentar as mentiras de frente e arrancá-las sem desculpas, mesmo que quase quebrasse minhas costas.

Quero que você faça algo parecido. Considere algumas das mentiras em que tem acreditado como resultado de suas mágoas, expectativas não atendidas e sonhos desfeitos. Talvez, como eu, você pense que Deus se esqueceu de você. Talvez pense que suas esperanças ou seus sonhos nunca se realizarão. Talvez pense que o fato de algumas coisas não darem certo é culpa sua. Talvez acredite que não é digna. Talvez pense que sempre será assim.

Identifique todos os seus pensamentos tóxicos como esses. E então atribua-os a uma atividade física. Não precisa ser arrancar ervas daninhas, embora essa provavelmente seja a ilustração mais precisa do trabalho que você estará fazendo em seu coração. Se for inverno ou se você for abençoada por não ter ervas daninhas em seu jardim, pense em outras maneiras de fazer isso. Talvez possa limpar seu armário e se livrar de itens antigos dos quais não precisa, mas tem guardado por um motivo ou outro. Para cada item do qual se livrar, atribua uma mentira a ele ao colocá-lo no lixo ou na sacola de doações.

Não importa exatamente como; apenas faça *algo* que permita reconhecer as mentiras em que tem acreditado e tome medidas para deixar de lado as coisas que podem representar o que se enraizou ou se acumulou em seu coração.

Você se livrará totalmente dos pensamentos? Não necessariamente, mas com certeza isso a ajudará a progredir. E há algo curativo e empoderador nisso.

Plantar na Fé; Enraizar no Amor

Não muito tempo depois de meu trabalho de arrancar as ervas daninhas, Matt e eu decidimos cultivar nossa primeira horta. Você já sabe, aquela que não rendeu nada. Era o final da estação, início de agosto, mas não me importei. Achei que ter uma horta poderia ser um projeto de cura para mim — me daria algo de que eu poderia cuidar.

No entanto, aprendi rapidamente que cuidar de uma horta — especialmente quando você não tem um talento natural para isso — pode ser um trabalho árduo e divino. *Administrar* é um trabalho árduo e divino.

As mercearias e o Amazon Prime entregam o que você deseja no minuto em que pede. As plantações são diferentes. Vários fatores afetam sua colheita (clima, insetos etc.), e leva tempo até que os vegetais brotem.

Curiosamente, porém, não obter todos os resultados desejados faz com que você aprecie o que obtém. Naquele primeiro ano, eu estava bastante orgulhosa daquelas poucas folhas de couve que cresceram, especialmente porque as cenouras e outras plantas não deram muito certo. Aquele pé de couve me mostrou as possibilidades se eu fizesse apenas alguns ajustes.

Embora a primeira tentativa não tenha sido um grande sucesso, me senti realizada e fui desafiada pelo processo. Decidi que melhoraria com a prática e tentaria novamente na estação seguinte. Na segunda vez que tentamos a horta, dessa vez em uma nova casa (mais sobre isso no próximo capítulo), peguei-me pensando no recomeço que uma nova casa — com um novo terreno — representa. Por uma razão desconhecida para mim, as palavras *plantar na fé; enraizar no amor* se repetiam em minha mente enquanto colocava as mudas iniciais e as sementes no solo.

Pensei no que essas palavras poderiam significar.

Plantar na fé. Plantar é investir com a fé de que seu jardim dará frutos na hora certa. Talvez seja isso o que Deus estivesse me pedindo para fazer com meus sonhos. Chegar, preparar o solo, plantar com fé, ter paciência, cuidar antes que pudesse ver qualquer coisa e então confiar que o fruto viria na hora certa.

Enraizar no amor. Enquanto estava lá, vestindo meu macacão velho, sob o sol forte, plantando uma nova vida na esperança de que ela criasse raízes, percebi que lutamos contra as mentiras em que acreditamos, não apenas por arrancá-las, mas também por criar raízes no amor.

Alguns versículos bíblicos que eu havia estudado anos antes me vieram à mente:

> Oro para que vocês, arraigados e alicerçados em amor, possam, juntamente com todos os santos, compreender a largura, o comprimento, a altura e a profundidade, e conhecer o amor de Cristo que excede todo conhecimento, para que vocês sejam cheios de toda a plenitude de Deus.[2]

Arraigados e alicerçados em amor. Para que vocês sejam cheios de toda a plenitude de Deus.

De alguma forma, naquele momento sagrado na terra, percebi que, em todos meus sonhos, talvez eu esteja realmente desejando algo ainda mais profundo. Em todo meu trabalho, esforço, desejo e realização, anseio pelo Éden.

Ou, ao menos, o que o Éden representa: o paraíso, o jardim da vida, a plenitude de Deus.

Nesse lugar, nessa vida entre dois jardins — o Jardim do Éden e a eternidade com Deus — eu poderia alcançar cada marco, realizar cada sonho, alcançar cada objetivo e *ainda* me sentir incompleta se não estiver enraizada no Amor. E o amor não é apenas um sentimento. Não é apenas uma escolha. É Alguém. É Deus. Porque Deus é Amor.

---

[2] Efésios 3:17–19.

A plenitude que procuramos ao alcançar nossos maiores sonhos já foi encontrada no Jardim do Éden e, em última análise, só é encontrada em união com Deus.

Talvez seja por isso que, quando conseguimos algo que pensávamos que queríamos — o carro novo, o cônjuge, a promoção —, parece que a linha de chegada se distancia novamente. Em outras palavras, a satisfação que pensávamos que sentiríamos não existe (ao menos não por muito tempo). Nós apenas ansiamos pela próxima coisa, sempre nos sentindo *quase* onde gostaríamos de estar. Talvez porque não fomos feitos para nos sentirmos realizados, nem mesmo pelas melhores coisas que este mundo possa oferecer.

Fomos feitos para Deus. Fomos feitos para o jardim. Curiosamente, de acordo com a história da criação, em Gênesis, o primeiro trabalho que Deus deu aos humanos foi cuidar do Jardim do Éden — administrá-lo. Acredito que Ele deu a você e a mim um chamado semelhante. Quer você tenha uma ótima habilidade com jardinagem ou não, isso não vem ao caso. Nossos desejos mais profundos serão preenchidos unicamente por Deus. E nosso trabalho é cuidar de nossa vida — e daqueles que estão nela — com cuidado e intenção em *cada* estágio de nossa jornada, não apenas naqueles em que colhemos uma recompensa.

Ao refletir sobre o significado disso, comecei a descobrir a verdade que mencionei no início deste livro: *Esta vida não é um jogo para ganhar. É um jardim para cultivar.*

Não importa as mensagens que dizem que ter tudo nos fará felizes. Sabemos a verdade: essa maldita linha de chegada sempre se moverá quando acharmos que estamos quase conseguindo. Não há como ter tudo sem a plenitude de Deus.

Com isso em mente, como superar as mentiras que nos desencorajam para que possamos continuar a estar presentes para o que mais importa quando nos deparamos com sonhos interrompidos, atrasados ou até aparentemente destruídos?

Reconhecemos e validamos a dor que estamos sentindo.

Identificamos as mentiras que criaram raízes em nossa vida.

Arrancamos essas mentiras e as abandonamos.

Limpamos a sujeira, nos levantamos e seguimos novamente.

Plantamos nossos sonhos na fé e os enraizamos no amor.

E cuidamos da vida que nos foi dada, bem aqui.

Aproveitamos ao máximo o meio-termo, porque toda nossa vida nesta terra é vivida no meio — entre dois jardins: o Jardim do Éden e a eternidade com Deus, no paraíso.

Afinal, se nossos sonhos são realmente dados por Deus e fazem parte de nosso legado, não poderemos estragar tudo. Nós simplesmente não somos poderosos o suficiente. Na verdade, nada é poderoso o suficiente para atrapalhar o plano de Deus em nossa vida. À medida que cuidamos da vida à nossa frente e damos passos em direção ao que está por vir, devemos antecipar a dor e a decepção para que possamos encontrar a força e a determinação — a ambição — para crescer no meio das incógnitas e dos quase sucessos.

O crescimento em direção ao que mais importa e o contentamento apesar dos desafios — não sem eles — é o que compõe uma vida bem-sucedida e realizada.

11

Priorize Suas Próprias Prioridades

Matt e eu andávamos pela longa entrada de casa enquanto voltávamos de nossa caminhada diária em uma manhã fresca de setembro. Olhei para minha antiga casa de fazenda em estilo colonial e, em seguida, ao redor.

"No que está pensando?", perguntou Matt.

"Só no quanto este lugar me lembra a mim mesma", respondi. "Tem muito potencial, mas, nossa, dá muito trabalho!"

Ele riu. "Faz sentido."

Já havíamos feito várias reformas e investido muito suor no paisagismo. Isso gerou uma conversa sobre se queríamos continuar fazendo todo o trabalho que era necessário para manter e melhorar o local. Com uma casa antiga em um terreno de 1,2 hectare, algo sempre precisava de cuidado. Parecia que toda vez que terminávamos um reparo ou projeto, outros dois ou três apareciam.

ABRACE SUA JORNADA

Enquanto conversávamos, reconhecemos o quão estressante era administrar uma propriedade como aquela ao mesmo tempo em que construíamos um negócio e, eventualmente, criávamos uma família. Era bastante coisa para um jovem casal!

Quando compramos a propriedade dois anos antes, éramos recém--casados e achamos divertido ter nossa própria versão interiorana do programa *Do Velho Ao Novo*. Na TV, as reformas de casa parecem muito mais fáceis e divertidas do que são. Repaginar uma casa antiga parecia um projeto legal para fazermos juntos — isto é, até termos que morar e trabalhar naquela casa em constante construção.

Foi divertido por um tempo, mas a folia não durou muito. Acabamos ficando tão ocupados viajando, que raramente ficávamos em casa tempo suficiente para acompanhar a reforma. Os custos das manutenções aumentavam, ratos se infiltravam misteriosamente a cada duas semanas e o constante estado provisório do lugar tornava difícil para nós sentirmos que a casa era um refúgio. Então sofremos os dois abortos naquela casa. Com todas aquelas memórias enchendo o lugar, comecei a ansiar por um novo começo, uma mudança de cenário e um estilo de vida mais simples. Você sabe, um que não exigisse remodelar a cozinha, fazer um reparo caro a cada dois meses ou ter que ficar carpindo um quintal de 1,2 hectare.

Embora sempre tenhamos nos interessado pela propriedade e certamente a tivemos em nossa lista de sonhos em longo prazo, a razão inicial pela qual nos sentimos tão atraídos por ela foi um tanto arbitrária: ela tinha potencial para ser "instagramável" e vimos o que os programas de reforma na TV faziam. Então, claro, queríamos viver a experiência também.

À medida que navegávamos por todo o trabalho e despesas de manutenção, e os programas de reforma deixavam de parecer uma novidade, ter um estilo de vida igual ao da TV não parecia mais tão

PRIORIZE SUAS PRÓPRIAS PRIORIDADES

atraente. Na verdade, tornou-se sufocante — como um fardo aparentemente sem fim que estava esgotando nosso tempo, nossa energia e nossas carteiras. Começamos a ver a verdade contida em Eclesiastes 3:1: "Para tudo há uma ocasião, e um tempo para cada propósito debaixo do céu."

Talvez uma enorme propriedade e reformas fizessem parte de nosso futuro. Mas, considerando todos os altos, baixos e meios-termos que tínhamos acabado de vivenciar, começamos a reavaliar se isso seria o melhor para nós *naquela* fase.

Durante semanas, discutimos se queríamos vender ou continuar fazendo reformas. Tínhamos feito tanto progresso na casa, desde reformar dois banheiros até repaginar a sala de estar e o jardim, e parecia que estava muito mais perto de onde queríamos. Com o progresso que já havíamos feito, parar talvez fosse desistir cedo demais. Infelizmente, porém, os projetos restantes — um telhado e janelas novos, a reforma da cozinha e a pintura externa — seriam os mais demorados e mais caros de todos.

Enquanto discutíamos opções, desafiamo-nos a questionar "Será que *realmente* queremos isso?" e "Qual é a nossa principal prioridade: reformar uma antiga casa de fazenda ou acabar com o estresse desnecessário para focar nossa saúde e família?"

Então nos perguntamos: "Morar nesta casa atende à nossa prioridade nesta fase, como um jovem casal, ou é uma fonte de estresse que pode estar nos afastando dessa prioridade?"

Embora não quiséssemos admitir, ambos sabíamos que a alternativa certa era a última. Sabíamos que podíamos reformar uma antiga casa de fazenda no futuro, se assim quiséssemos, mas não poderíamos recuperar os anos de nossa juventude. Às vezes é preciso perder algo precioso para enxergarmos o que realmente nos pertence e o que não pertence.

ABRACE SUA JORNADA

Ainda assim, mesmo sabendo a resposta certa, escolher seguir em frente com a venda foi uma das decisões mais difíceis que tive que tomar até aquele momento de minha vida. Eu não estava apenas abandonando uma casa; sentia como se estivesse desistindo dos nossos planos de moradia e do sonho que a casa representava para nossa família.

Eu tinha planejado pintá-la de branco, trocar as janelas e venezianas, colocar um novo telhado, derrubar paredes e reformar a cozinha, que estava escondida em um canto com praticamente nenhum espaço para balcões e armários amarelos do estilo colonial de 1980 (*nada* fofo).

Eu havia imaginado que teríamos nossos bebês nessa casa também. Tinha decidido qual seria o quarto deles e pensei que veria meus filhos engatinhando e brincando no quintal sob o grande sicômoro enquanto restaurávamos a antiga casa para torná-la nosso lar.

Mas a casa estava se tornando um poço de gastos. Mal tínhamos tempo ou recursos para seguir com alguns dos projetos maiores que queríamos porque, assim que começávamos a fazer um plano, o chuveiro do segundo andar começava a vazar, encharcando o chão (e o teto da cozinha), ou o forno quebrava e precisávamos gastar uma fortuna para consertá-lo (ou investir horas tentando consertá-lo nós mesmos). Era quase sempre um passo para a frente e dois para trás, e isso estava começando a parecer absolutamente desnecessário.

Independentemente dos perrengues, me separar da casa significava desistir do que tinha projetado para ela, e isso me fez ficar indecisa por mais de um mês. Por um lado, sabia que me sentiria aliviada se simplesmente a deixasse para trás. Por outro, não queria abandonar o sonho tão cedo e correr o risco de me arrepender mais tarde.

Não é como se a casa estivesse sendo tirada de mim contra a minha vontade. Ao contrário, estaria voluntariamente abrindo mão dela

PRIORIZE SUAS PRÓPRIAS PRIORIDADES

e criando expectativas para o que achava que viria depois com a decisão. Parecia que eu estava retrocedendo.

Você se identifica com isso? Consegue pensar em um momento em que a visão original que tinha para algo — uma casa, uma carreira ou outra coisa — não atendeu mais às suas necessidades ou às necessidades de sua família?

Se sim, você sabe como é. *Mesmo* quando se tem certeza da coisa certa a fazer, pode parecer quase impossível mudar a página e seguir em frente.

Devo ter discutido a decisão com todos que conhecia e analisado de todos os ângulos possíveis. Fiz todas as perguntas hipotéticas. Nós até colocamos a placa de Vende-se em nosso quintal por dois dias, e quando nosso corretor estava prestes a anunciar oficialmente a casa nas plataformas online, liguei para ele e disse que eu ainda não estava pronta!

Tiramos a placa para que eu pudesse pensar um pouco mais e deixar meu pobre marido maluco no processo. *Ops. Desculpe, amor.*

Compartilho tudo isso para enfatizar um ponto que moldou a mim e meus sonhos: reconhecer nossas prioridades é uma coisa; reconhecer nossa principal prioridade — no singular — e *agir de acordo com isso* é outra coisa completamente diferente. Isso requer abrir mão de nossas expectativas e tomar uma atitude real — em geral, uma ação dolorosamente difícil — à medida que nos concentramos no objetivo principal que desejamos.

Por que isso é importante? Porque, se você não tiver uma prioridade clara e significativa, poderá acabar sendo puxada em direções diferentes e ficar dividida entre o que pensou que queria e aquilo de que realmente precisa. Confie em mim — essa é uma situação frustrante na qual estar.

Menos é Mais

Você já se sentiu sobrecarregada com o que está fazendo, mesmo que isso tenha começado como uma coisa boa? Se respondeu sim, já se perguntou por que se sente dessa maneira, ou, em outras palavras, por que aceitou carregar mais do que consegue aguentar?

Tendemos a nos comprometer demais quando não sabemos exatamente o que realmente queremos (a prioridade), por que queremos isso (o propósito) e como administraremos esse desejo (a busca).

Para esclarecer, quando falo sobre o que realmente queremos, não me refiro a desejos materialistas, como uma casa de praia chique ou um carro de luxo. Não me refiro a metas aleatórias que parecem impressionantes. É mais profundo que isso. Estou falando sobre reconhecer a prioridade nessa fase de sua vida em um mundo que lhe diz que você deve, de alguma forma, equilibrar tudo — em um mundo que a desafia a pensar que *tudo* deve ser prioridade.

Ter uma prioridade clara não significa que você deve fazer apenas uma coisa com seu tempo. Significa que tudo o que você faz deve, de alguma forma, *contribuir* com a sua prioridade, e não afastá-la dela.

Aliás, você sabia que a palavra *prioridade* nem sempre significou o que significa hoje?

No livro *Essencialismo*, Greg McKeown explica: "A palavra *prioridade* entrou na língua inglesa no século XV. Era uma palavra no singular. Significava a primeira coisa ou a mais importante."[1] Ele continuou, dizendo que a palavra continuou sendo escrita apenas no singular durante cerca de quinhentos anos, e, então, tentamos transformá-la em plural:

---

[1] Greg McKeown, *Essentialism: The Disciplined Pursuit of Less* (Nova York: Crown Business, 2014), 16.

PRIORIZE SUAS PRÓPRIAS PRIORIDADES

Foi somente no século XX que pluralizamos o termo e começamos a falar sobre *prioridades*. Sem nenhuma lógica, raciocinamos que mudando a palavra, poderíamos distorcer a realidade. De alguma forma, agora poderíamos ter várias "primeiras" coisas. Pessoas e empresas rotineiramente tentam fazer exatamente isso. Um líder me contou sobre sua experiência em uma empresa que falava de "Pri-1, Pri-2, Pri-3, Pri-4 e Pri-5". Isso dava a impressão de que muitas coisas eram prioridade, mas, na verdade, significava que nada realmente era.[2]

Essa última frase me atingiu com força na primeira vez que a li.

Isso dava a impressão de que muitas coisas eram prioridade, mas, na verdade, significava que nada realmente era.

Pense um instante.

O que isso significa? Significa que, quando dizemos que temos "prioridades", na verdade não temos *nada* como verdadeira prioridade.

Isso não quer dizer que várias coisas não podem ser importantes — com certeza são. Sua saúde, seu trabalho e sua família são incrivelmente importantes a administrar. Como você poderia escolher qual é a prioridade *máxima*?

Não é tão simples quanto focar 100% de nosso tempo e de nossa atenção em uma coisa e se esquecer do resto. Então, o que fazemos?

Reformulamos como pensamos sobre nossas prioridades ou, mais apropriadamente, nossa *prioridade*.

Em vez de considerar todas as coisas importantes de minha vida como as principais prioridades, achei útil considerar a *prioridade*

---

[2] McKeown, *Essentialism*, 16.

ABRACE SUA JORNADA

atual, ou, como gosto de chamá-la, PA. Esta é a principal prioridade para focar em determinada fase. Cada aspecto importante de minha vida poderá, então, servir a um propósito unificador e deve me aproximar dessa prioridade atual.

Permita-me explicar como isso funciona ilustrando como isso desempenhou um papel em nossa difícil decisão de renunciar ao plano que tínhamos para nossa casa colonial e simplificar nosso estilo de vida.

Eu certamente não esperava desenraizar minha vida e ter que começar de novo apenas dois anos depois de me estabelecer. *Esperava* transformar aquela casa na casa dos nossos sonhos e criar nosso primeiro bebê sob aquele teto. Era o que eu *queria* estar fazendo. Mas, como a vida não se desenrolou como o planejado, tive que considerar quais seriam os próximos melhores passos a dar considerando nossa prioridade atual.

Ao considerarmos tudo o que estava em nossos planos, identificamos a prioridade atual: nossa saúde. Por quê? Pelo bem de nossa família. Nossa saúde — emocional, mental, espiritual e física — havia sido bastante prejudicada ao longo do ano anterior com todas as viagens, projetos domésticos estressantes e ficar tomando café para trabalhar até tarde da noite. Investir em nosso bem-estar e gerenciar o estresse parecia o foco certo para aquela fase.

Isso significava que tudo o que afetava nossa saúde, incluindo o trabalho e outros agentes de estresse, precisava ser tratado de uma maneira que contribuísse para a PA.

Em outras palavras, com a minha prioridade atual bem clara em mente, todas as decisões que tomei em relação a aspectos importantes de minha vida (trabalho, casa, atividades sociais etc.) tiveram que se alinhar com essa prioridade.

PRIORIZE SUAS PRÓPRIAS PRIORIDADES

Fizemos uma avaliação completa de nossa vida para identificar estressores desnecessários, bem como questões que precisavam ser abordadas com intenção, para que pudéssemos garantir que tudo o que estávamos fazendo fosse benéfico para nossa saúde, em vez de prejudicá-la.

A casa era uma obrigação desnecessária no momento, funcionando mais como estressora e distração, então precisávamos deixá-la. Raciocinamos que, se parássemos de nos preocupar com a casa, teríamos tempo e recursos para investir em nossa saúde e nos restabelecer (em vez de gastar toda nossa energia na restauração de uma casa antiga). Então, quando outubro chegou ao fim, finalmente decidimos avançar, colocando nossa casa à venda.

De modo similar, qualquer estresse desnecessário que identifiquei no trabalho foi minimizado ou delegado. Embora o trabalho fosse certamente importante, comecei a mudar a maneira como o abordava para que ele estivesse de acordo com minha prioridade. Eu não podia mais ser comandada por realizações e produtividade excessiva e esperar também priorizar minha saúde pelo bem de nossa família. Tive que tomar as medidas necessárias para garantir que controlava minha ambição, em vez de deixá-la tomar conta do que era mais importante para mim.

Observe a diferença. Embora essas áreas de minha vida sejam incrivelmente importantes, as ações que comecei a tomar foram centradas em uma prioridade comum. Reorganizei a maneira como passei a abordar diferentes áreas da vida para que a busca por essa prioridade fosse mais sustentável. À medida que meus compromissos se alinhavam com uma prioridade clara, eles se tornaram mais fáceis de administrar, porque eu não os abordava mais como prioridades individuais para, de alguma forma, manter um equilíbrio perfeito.

ABRACE SUA JORNADA

Todos os compromissos e mudanças de estilo de vida que fiz naquela fase giraram em torno da prioridade atual, incluindo a decisão de vender a casa.

Defina Sua Prioridade; Agindo de Acordo

Quando planos interrompidos ou expectativas não atendidas a forçam a repensar seus sonhos e suas ambições, tente enxergar tudo como uma oportunidade — até mesmo como uma coisa boa. Em vez de ficar presa no caos, afaste-se de ruídos, distrações e de "prioridades" que você está tentando conciliar. Em seguida, permita que a decepção ou mesmo o desgosto seja um convite para reavaliar sua vida e reorganizá-la em torno do que você decidir ser o mais importante.

Siga as etapas a seguir para conseguir priorizar e seguir em frente.

1.
Identifique a Prioridade Atual

O que você realmente valoriza? Qual é sua prioridade *nessa* fase da vida? Silencie todas as vozes que disputam sua atenção e lhe dizem no que se concentrar ou o que fazer. Silencie sua mente. Considere o que é mais importante para você (ou para você e sua família). Tente se concentrar em uma única prioridade para ter um objetivo claro.

Pergunte-se: *O que vem primeiro? Existe algo que é urgente e precisa de mais cuidado e atenção que outros compromissos?* Por exemplo, Matt e eu decidimos que o que mais precisávamos focar naquela fase era nossa saúde para investir em nossa futura família.

PRIORIZE SUAS PRÓPRIAS PRIORIDADES

Era preciso, portanto, tomar medidas para fortalecer minha saúde mental e me ligar a uma igreja para reconstruir a base de nossa saúde espiritual, buscar respostas, e restaurar meu corpo por meio da boa nutrição e de um bom estilo de vida — coisas que precisavam desesperadamente de tempo e atenção.

Se sua prioridade atual é pagar todas as dívidas, suas decisões de estilo de vida e compromissos diários devem estar alinhados com essa prioridade. Você deve garantir que os investimentos que faz e os recursos que usa contribuam para seu objetivo da melhor maneira possível. Suas decisões profissionais e sociais também devem estar alinhadas com isso. Você pode aceitar bicos ou trabalhar como freelancer para ganhar uma renda extra. Ou, quando sai com seus colegas para tomar uma bebida depois do trabalho, pode optar por pedir uma limonada, em vez de um martíni chique de US$24.

Tenha uma prioridade (como cuidar de sua saúde) enraizada em um propósito claro (como o bem-estar de sua família ou futura família) — um foco que oriente suas decisões nessa época de sua vida. Isso não apenas fará de você uma administradora melhor; também lhe ajudará a perseguir os objetivos certos para você, a superar a pressão de acompanhar o ritmo dos outros e a abraçar a tensão entre onde você está e aonde quer chegar.

Mesmo quando enfrenta um desgosto ou revés, certificar-se de que todas as facetas de sua vida estão alinhadas com sua prioridade poderá ajudá-la a avançar na direção certa.

Separe um tempo para pensar sobre *sua* prioridade atual e certifique-se de que ela seja clara e específica. Para onde quer que todas as áreas importantes de sua vida avancem? Isso permitirá que você guie suas "prioridades" sob a direção de uma única e verdadeira prioridade.

ABRACE SUA JORNADA

Lembre-se: é a prioridade para *essa* fase. Ela pode mudar no futuro, então concentre-se em curto prazo — semanas, meses ou até um ano à sua frente. Defina uma possível prioridade para esse momento de sua vida e, em seguida, passe para a Etapa 2.

2.
Pense no Propósito

Considere a prioridade atual que você escolheu. Antes de decidir que essa é a prioridade e reorganizar suas outras responsabilidades de acordo, certifique-se de responder a esta pergunta: *Por que* essa é a prioridade?

Ao discutirmos a possibilidade de fazer de nossa saúde a prioridade atual, perguntamo-nos: "Por que é importante que essa seja a PA?"

A resposta foi fácil: pelo bem-estar de nossa família. Você pode achar que vender uma casa não tem muito a ver com cuidar da saúde e que priorizar a saúde também não tem a ver com família, mas têm tudo a ver um com o outro.

Eis o motivo: aprendi da maneira mais difícil o quanto o estresse pode afetar minha saúde. Na verdade, quando comecei a fazer exames de saúde após minhas perdas, descobri que tinha fadiga grave, provavelmente devido aos frenéticos anos de estresse crônico, e soube que era hora de mudar algumas coisas. Não há como contornar o fato de que minha saúde é importante para nossa família. E, para deixar claro, isso não se aplica apenas à gravidez. Independente de se você está ou não em idade fértil ou se deseja ter filhos, ainda assim acredito que isso seja importante para você também. Nossa saúde afeta diretamente nossa família e outras pessoas com quem interagimos. Se estamos exaustas, com os hormônios desequilibrados ou nos sentindo miseráveis, isso pode ter um impacto direto em nosso casamento, na relação com os filhos ou em outros relacionamentos próximos.

Eu queria dedicar um tempo para simplificar nossa vida, reduzir a confusão mental e cuidar do nosso bem-estar para que pudéssemos ter uma vida mais saudável como casal e como indivíduos.

Tenho certeza de que sua situação deve ser um pouco diferente. Talvez sua prioridade atual seja pagar seus empréstimos estudantis e economizar dinheiro (a PA) para que possa fazer uma longa viagem missionária no próximo ano (o propósito).

Lembre-se: trata-se de *sua* vida e do propósito que impulsiona o que você faz e os objetivos que busca. Não se trata de gratificação instantânea ou de coisas passageiras, como uma vontade qualquer ou objetivo financeiro. Trata-se de estabelecer uma visão geral que poderá mantê-la comprometida com a prioridade que busca. Seu *motivo* pode ser compartilhar o evangelho em áreas longínquas, ter sua própria família, se ver livre de dívidas, mudar o sistema de saúde ou algo completamente diferente.

Essa visão mais ampla é uma ferramenta para guiá-la; é a base para sua prioridade atual e lhe dará uma razão para garantir que seu tempo, seu esforço e seus recursos estejam alinhados ao mesmo propósito. Permita que esse propósito seja a base das coisas que faz, dos sonhos que persegue e da prioridade atual que escolheu. Quando se sentir sobrecarregada ou desapontada quando as coisas não saírem conforme o planejado, pergunte-se: *Por que estou fazendo isso? O que estou fazendo ainda está alinhado com meu propósito? Como isso contribui com esse propósito — ou deixa de fazer isso?*

3.
Crie um Plano de Ação

Uma vez que Matt e eu definimos que a prioridade daquela fase específica era cuidar de nossa saúde, enraizada em um motivo claro — nosso casamento e família —, comecei a considerar como tudo entraria em conformidade. É aqui que entram em jogo as outras responsabilidades importantes que geralmente chamamos de "prioridades".

Em vez de considerar minha casa e meu trabalho como duas prioridades diferentes, comecei a me perguntar: *O que faço com minha casa ou meu negócio para que eles possam se alinhar melhor à nossa prioridade atual?*

Isso fez com que essas duas responsabilidades, aparentemente muito divergentes da prioridade atual, trabalhassem uma com a outra, em vez de me puxarem em direções diferentes e irem uma contra a outra.

A decisão que tomamos de vender nossa casa é um ótimo exemplo da prioridade em ação. Uma vez que identificamos que nossa saúde era a prioridade atual, e não tentar viver um estilo de vida como o dos programas de reforma da TV, ficou claro que era hora de simplificar. Quando isso ficou claro, percebi que poderia investir em nossa saúde e recuperação o dinheiro e o tempo que gastaria reformando e consertando uma casa antiga. Poderia economizar o dinheiro que gastaria em uma nova cozinha e usá-lo para fazer exames e pagar consultas com bons médicos para melhorar minha saúde como um todo — ao passo que limitava o estresse por morar em uma casa que não exigisse reparos infindáveis.

Consegue entender agora? Quando identificamos a prioridade, as áreas importantes da vida começam a ter mais unidade à medida que agimos de acordo com essa prioridade.

Quero que você explore como isso pode funcionar em sua vida, especialmente se estiver em uma época de desgosto, decepção ou expectativas não atendidas que a fizeram repensar tudo. Depois de definir seu *motivo*, bem como a prioridade atual que se alinha a ele, considere as áreas de sua vida que exigem mais atenção ou tempo. Que

PRIORIZE SUAS PRÓPRIAS PRIORIDADES

passos você precisa dar para que cada uma das facetas importantes de sua vida se alinhe com a prioridade atual?

Avalie cada aspecto de sua vida — incluindo seus objetivos e obrigações profissionais, sua casa e suas necessidades pessoais, suas rotinas de saúde, seus relacionamentos e compromissos sociais e suas finanças. Ao considerar cada um desses pontos, pergunte-se: *Por quê? Por que estou fazendo isso? Isso está alinhado com a prioridade?*

Se sim, perfeito. Se não, vá para a Etapa 4.

4.
Acabe com as Distrações

Se algo em sua vida não está alinhado a sua PA, faça-se mais uma pergunta: *Posso ajustar o modo como estou fazendo isso para que isso contribua mais com a prioridade?*

Se a resposta ainda for não, tente encontrar uma maneira de minimizá-lo ou removê-lo totalmente de sua vida (foi assim que chegamos à conclusão sobre a casa). Limite ou remova os compromissos que a distraem ou a afastam do que mais importa para *você* — não o que acha que os outros querem ou esperam que faça.

Ao criar seu plano de ação, é fundamental considerar obstáculos ou distrações que possam desviá-la do curso ou atrapalhar seu progresso. Depois de descobrir o que está buscando no quadro geral, bem como definir a prioridade em que se concentrar, ficará mais fácil identificar o que você definitivamente não quer nem precisa fazer.

Como eu disse, ficou evidente que terminar a reforma da casa mais distraía do que contribuía com a prioridade atual. Então tomamos a decisão de nos mudar. Quando começamos a fazer as malas, descobri que tínhamos caixas e mais caixas de coisas que havia colecionado nos primeiros anos do nosso casamento. Passei muito tempo analisando o que queria guardar e o que estava desnecessariamente permitindo que ocupasse espaço. Ao levar sacola após sacola para o centro de doação local, me senti mais leve. Literalmente estava aliviando meu fardo, e percebi que poderia fazer a mesma coisa em muitas outras áreas da vida. Que coisas não essenciais estava carregando em minha mente e em meu coração ou mantendo na minha agenda?

Simplificar tudo se tornou primordial para que eu conseguisse administrar a prioridade.

Portanto, seu trabalho agora é minimizar qualquer coisa que possa desviá-la ou distraí-la de sua prioridade atual. O que precisa ser alterado ou completamente descartado para acomodar a prioridade que você definiu?

Preste atenção. Eu sei como é difícil quando os planos que foram perfeitamente traçados enfrentam uma interrupção indesejada. Conheço a dor e a frustração que vêm com a perda ou expectativas não atendidas. Estou aqui em uma casa na qual não planejava estar. Há um ano, pensei que estaria na cozinha repaginada de minha casa de fazenda, segurando meu bebê no colo. Em vez disso, quando meu plano estava *quase* dando certo, acabei sendo empurrada para uma jornada que não havia iniciado voluntariamente. Muitas vezes, essa jornada me faz sentir como se estivesse caminhando por um vale a quilômetros de onde pensei que estaria agora. Nada exatamente divertido ou fácil, mas ela me trouxe refinamento. E ao considerar a paz que uma vida mais simples me trouxe e espiar pela janela do meu escritório e ver as casas de novos amigos queridos do outro lado da rua, isso reforça que, embora não fosse o que eu esperava, Deus sempre teve um plano para mim e que, agora, estou exatamente onde precisava estar.

PRIORIZE SUAS PRÓPRIAS PRIORIDADES

Então, meu encorajamento para você é o seguinte: não permita que a decepção ou um doloroso desvio de seu plano se transforme em um beco sem saída. Permita que ela seja seu convite para um recomeço. Talvez você não precise deixar toda sua vida para trás e se mudar — ou talvez precise. Independentemente de quanto mudar, lembre-se de que repensar tudo nem sempre é algo ruim.

Às vezes, isso é exatamente do que precisamos para termos sucesso de verdade.

12

Tire o Máximo de Proveito dos Seus quase Sucessos

Depois de alguns anos de casamento, a última coisa que eu esperava que fosse acontecer era eu voltar a morar com meus pais. Quando vende-, mos nossa casa, percebemos que haveria um intervalo de dois a três meses entre sair de nossa antiga casa e ter nossa nova moradia pronta.

Apenas alguns meses antes, *pensei* que estaria terminando o ano desfrutando de uma cozinha recém-reformada com minha linda e pequena família. E foi *quase* isso o que aconteceu. Em vez disso, pouco antes do Dia de Ação de Graças, estávamos levando nossos móveis para uma unidade de armazenamento temporário e descarregando malas no porão de meus pais. Não havia nada a fazer. Mas pense em como isso era oposto às minhas expectativas de como aquele ano *deveria* terminar.

Enquanto refletia sobre o ano que acabara de passar, muita coisa parecia estar de cabeça para baixo.

ABRACE SUA JORNADA

Então, enquanto imaginava o próximo ano — como se fosse uma grande tela, cheia de dúvidas e pontos de interrogação —, eu desesperadamente quis preenchê-lo com algo, com qualquer coisa que fizesse sentido. A maneira como imaginava o ano (e o resto de minha vida) era drasticamente diferente da realidade que estava vivendo. E eu não tinha certeza do que fazer comigo mesma.

O que você faz com o inesperado espaço em branco em sua agenda, com o quarto vazio em sua casa, com o lugar em seu coração que algo especial — um amor, um filho, um amigo, um cargo — *deveria* preencher, mas deixa de fazer isso? Quando se sente presa no limbo, entre onde está e onde pensou que estaria, o que você faz? Eu costumo me ocupar. Tento preencher o espaço ou o silêncio com uma agenda lotada e distrair minha mente do que parece fora do lugar — mesmo que o que pareça fora do lugar seja eu mesma.

Compartilhei esses pensamentos com minha amiga Jenna, e ela disse: "Você não precisa preencher o espaço com ocupações. Pode somente administrá-lo. Eu realmente acredito que esse é seu treino para aprender a estar mais presente e tranquila."

Esse é seu treino para aprender a estar mais presente e tranquila.

Eu pensei por horas sobre o que ela disse. Suas palavras me desafiaram a acreditar que era possível mudar minha perspectiva e ver esse meio-termo doloroso como uma preparação para a vida que queria ter. Muito rapidamente, deixei de me sentir vazia para me sentir empoderada.

Essa fase de minha vida pode ser vista como uma de duas coisas, pensei. *Pode ser algo que tento evitar, fazendo algo para me distrair, ou pode ser algo que aceito, abraço e aproveito ao máximo. Posso evitar essa fase por meio de ocupações e distrações ou posso administrá-la com intenção cuidadosa.*

TIRE O MÁXIMO DE PROVEITO DOS SEUS QUASE SUCESSOS

Quando comecei a pensar em como isso poderia ser um bom treinamento, decidi cuidar de algumas coisas importantes que havia negligenciado por anos enquanto estava tão ocupada com outras.

Embora tivesse dito que minha saúde era minha prioridade atual, a princípio, não tinha certeza de como cuidar disso além de eliminando o estresse. Então tirei um tempo para pesquisar, examinar e me aprofundar no assunto. No processo, aprendi a controlar meu índice glicêmico, comer alimentos integrais, cozinhar refeições que adoro, reduzir a cafeína e regular meu sono. Em apenas alguns meses, notei uma diferença drástica em como me sentia. Comecei a ter mais energia, força e foco do que em anos! Costumava depender de café para isso. Agora raramente bebo café.

Concentrei-me na minha saúde mental e espiritual também. Comecei a escrever um diário, me envolvi em uma comunidade da igreja novamente (algo que evitei por algum tempo), orientei algumas mulheres mais jovens e me ofereci para servir outros. Depois de chafurdar por um tempo, decidi que não gostava de como qualquer momento tedioso se transformava em uma oportunidade de ficar obcecada com o que ainda não tinha ou com aquilo de que não gostava em minha vida. Estar presente na vida dos outros me deu perspectiva e um senso de propósito que eu estava perdendo. Curiosamente, sair de nossa própria cabeça e vida para servir a alguém pode trazer muitas bênçãos inesperadas, como um sentimento avassalador de gratidão pelo que *temos*, a alegria que vem de abençoar a vida de outra pessoa e muito mais.

Quando os sonhos de reformar minha casa, publicar um livro e ter um bebê foram interrompidos — quando senti que minha vida não estava indo a lugar nenhum, mas estava presa a essas pendências —, comecei a ver que talvez fosse uma fase que Deus usaria para *me* fazer crescer.

ABRACE SUA JORNADA

Se você se encontra em um vazio inesperado, atravessando a tensão entre onde está e onde esperava estar (ou acredita que deveria estar), quero convidá-la para seu próprio treinamento.

Um campo de treinamento, em seu contexto original, é projetado para preparar alguém para o combate. Embora você possa não estar indo para uma guerra real, acredito que essa expressão seja muito apropriada por algumas razões.

Primeiro, quer possamos ver ou não, *há* uma guerra acontecendo — uma guerra por nossa mente e alma. Essa guerra está acontecendo desde o início da existência humana. Quando estamos lidando com as dúvidas e as frustrações que vêm com a dor e as expectativas não atendidas, a batalha fica ainda mais intensa. É como se a lógica e a fé estivessem em guerra dentro de nós. A fé diz para continuar acreditando. A lógica — ou talvez o Diabo mesmo — ri e diz: "Não seja tola."

É fácil querer esquecer completamente de Deus quando sentimos que Ele nos decepcionou ou virou nossos planos do avesso sem motivo aparente. Sei disso porque foi o que fiz. Eu o afastei porque me senti traída. Essa é a batalha que enfrentamos todos os dias, especialmente quando a vida não segue nosso caminho. Quanto mais preparadas estivermos, quanto mais pensarmos no que é verdadeiro, nobre, correto, puro, amável e admirável — como um versículo do livro de Filipenses nos diz para fazer[1] —, mais estaremos preparadas para combater o bom combate quando o Diabo tentar usar o desânimo, a desilusão e o descontentamento para semear a dúvida.

Em segundo lugar, em última análise, acredito sinceramente que os momentos de quase sucesso, que nos catapultam para um vale de questionamentos, nos preparam para algo. E não apenas qualquer coisa, mas algo ótimo. No deserto, podemos vagar ou podemos seguir em frente intencionalmente. Por meses, eu meio que vaguei sem

---

[1] Filipenses 4:8.

rumo. Acho que isso é apenas humano, especialmente quando nossos planos ou até mesmo todo o nosso senso de normalidade são abalados. Mas há um ponto em que temos que decidir se queremos que os tropeços nos arruínem ou que nos refinem. Podemos nos concentrar apenas nos problemas que o deserto traz, ou permitir que ele nos prepare para um propósito maior — mesmo que ainda não possamos enxergar esse propósito.

Se aprendi alguma coisa durante essa minha fase de treino é que passar pelo vale das dores não é um castigo, mas um privilégio. É um campo de treinamento para nos preparar para nosso chamado. É na tensão que nosso caráter é refinado. É lá que ganhamos a força terna, empatia, sabedoria e perseverança de que precisamos para ter sucesso no que realmente importa nesta vida.

No entanto, é importante lembrar que o campo de treinamento deve ser *mais* do que um meio para um fim. Não se trata simplesmente de cruzar a linha de chegada apenas para olhar para o céu e dizer: *Ei, Deus, estou pronta para o meu prêmio agora!* (Seria bom se fosse assim tão fácil.)

Em outras palavras, não veja isso apenas como algo para mantê-la ocupada enquanto não chega aonde deseja ir. Se você também costuma viver a uma velocidade vertiginosa, espero que esse seja o primeiro passo para uma mudança de estilo de vida para dar à sua mente, seu corpo e sua alma o suporte de que precisam para sustentar seus sonhos dados por Deus (quaisquer que sejam).

Seu treinamento pode ser diferente do meu, mas se você está se sentindo presa em uma fase intermediária como essa, aqui estão algumas ideias do que fazer para aproveitar ao máximo esse tempo.

ABRACE SUA JORNADA

Concentre-se nas Coisas que Precisa Fazer

Não sei você, mas há muitas coisas que eu *quero* fazer.

Quero ter uma pele lisinha para sempre. Então, hoje, eu *preciso* de um prato balanceado para controlar meu índice glicêmico e manter meus hormônios equilibrados.

Quero ter uma carreira de sucesso. Então, hoje, *preciso* realizar o trabalho não glamouroso de escrever milhares de palavras com foco e intenção.

Quero ter um casamento incrível. Então, hoje, *preciso* tomar a decisão de desligar o celular e me conectar com meu marido durante o jantar.

O mesmo vale para você. Todos os dias, ao acordar, desafie-se a se concentrar nas pequenas coisas que precisa fazer no presente, em vez de ficar obcecada com o que deseja ter no futuro. Por quê? Porque cada ação que toma hoje moldará quem você se tornará e a preparará para o que está por vir.

Passamos tanto tempo pensando em nossas expectativas para o futuro ou em nossos medos, que podemos facilmente deixar de fazer o que precisamos agora para nos preparar para o que está por vir. Estou em uma missão para mudar isso em minha vida, uma refeição, uma reunião e um momento de cada vez.

Seja se você quer estudar a floresta amazônica, se tornar uma pintora mundialmente conhecida, ter sua própria família ou ficar mais saudável, identifique o que quer fazer. O que almeja? Então pergunte-se: *O que preciso fazer hoje, exatamente onde estou, para me aproximar apenas 1% mais dessa meta?*

E faça isso.

TIRE O MÁXIMO DE PROVEITO DOS SEUS QUASE SUCESSOS

Crie Ritmos e Rotinas Sustentáveis

Você já assistiu a um vídeo ou leu uma postagem no blog de uma influenciadora onde ela compartilha sua perfeita rotina matinal e se sentiu perplexa com tudo o que ela faz antes das 7h? Estou levantando minha mão, porque eu já.

Às vezes, vejo esse tipo de post e me pergunto: *Sério? Você realmente acorda antes das 6h da manhã, malha, passeia com o cachorro, arruma a cama, lê por uma hora, prepara seu almoço, faz uma máscara facial, toma banho, se maquia e faz o cabelo como uma supermodelo, tudo na primeira hora do dia?*

Digo, ei, se isso funciona para você, ótimo. Mas, me desculpe, eu tentei fazer tudo isso uma vez. Durou uma semana. Eu simplesmente não conseguia cuidar de todas as tarefas antes mesmo de meu dia começar — nem gostava de fazer isso.

Então decidi fazer o que funciona para mim. Eu me comprometeria a fazer consistentemente apenas uma ou duas coisas todas as manhãs antes de começar meu dia. Na minha temporada de treinamento, essas duas coisas eram (1) caminhar e (2) arrumar minha cama.

Claro, eu também fiz as coisas básicas, como escovar os dentes e vestir roupas de verdade. Mas queria ter apenas uma ou duas (não dez) disciplinas adicionais que me permitissem começar o dia com intenção.

Considerei as caminhadas matinais como minha hora tranquila para orar ou apenas refletir. Fico horas sentada na frente do computador. Caminhar, em vez de me sentar e ler, me permite limpar a mente e o coração, preparar-me para o dia, orar e sentir a plenitude de Deus. Isso criou uma rotina e me ajudou a começar meu dia a partir de um lugar de conexão, contentamento e paz (em vez de caos).

ABRACE SUA JORNADA

Se você está passando por uma fase de espera, se está se recuperando de um desgosto ou apenas passando por um período de decepção, lembre-se de enxergar isso como um treinamento. Às vezes, implementar uma rotina simples que a tire da cama todas as manhãs e permita que você se conecte com Deus pode fazer uma grande diferença.

Considere o que funcionaria melhor para você e como poderia adicionar algumas rotinas e ritmos *simples* como esses à sua vida.

Aprenda Algo Novo

Você sabia que os cervos vivem, em média, apenas cerca de três anos na natureza? E o fato de termos um sistema endócrino? Já ouviu falar disso? Eu não. Já aprendeu a jogar pôquer? Sabe bem como os impostos funcionam? Como os tomates crescem?

Essas são apenas algumas coisas que aprendi durante minha fase de treinamento.

Eu não sabia muito sobre vida selvagem, não tinha absolutamente nenhuma ideia de como meu próprio corpo funcionava, nunca entendia por que todos gostavam de jogar pôquer e obviamente tinha dificuldades para manter plantas vivas. Isto é, até que decidi ser curiosa. Decidi que queria aprender sobre a natureza e passei mais tempo ouvindo meu marido, que ama caçar, quando ele contava todas as curiosidades sobre veados. Comecei a ler mais livros também. Leio livros sobre temas como finanças e saúde da mulher. Pedi ao meu pai que me ensinasse a jogar pôquer, e, embora eu não seja uma jogadora, ele me levou a um cassino local para jogar videopôquer e aprender as mãos. Peguei o jeito e ganhei US$100. Viva!

Eu poderia recitar uma dúzia de coisas interessantes que aprendi sobre como o mundo funciona, mas vou poupá-la disso e simplesmente encorajá-la a reservar um tempo para aprender. Quando você está em uma época de espera, enfrentando uma experiência de quase sucesso, ou presa entre onde começou e onde espera estar, ouse descobrir coisas novas. Leia um livro que normalmente não leria. Faça mais perguntas. Explore um lugar em que você nunca esteve. Assista a um documentário. Sinta curiosidade. Só porque você é adulta não significa que tem que parar de explorar e fazer perguntas. Deixe-se caminhar por essa vida com o mesmo encanto de quando era criança. Você poderá se surpreender com o que encontrar — poderá aprender coisas novas e fascinantes ou descobrir uma habilidade ou hobby de que você realmente goste.

Sirva os Outros

Com cuidado para não me sobrecarregar, comecei a tentar dizer sim a mais coisas do que apenas focar a mim mesma — meus desejos, minhas necessidades ou minhas realizações. A cada trimestre, eu tentava me concentrar em uma ou duas maneiras de fazer algo especial para outra pessoa. Comecei de modo pequeno. Por exemplo, um mês, Matt e eu pensamos para quais causas poderíamos doar. Alguns meses depois, entrei em contato com algumas mulheres mais jovens que costumava orientar e as convidei para uma conversa para nos reconectarmos. Tinha levado algum tempo para conseguir me sentir plena, encontrando-me primeiro com meus próprios mentores. Oferecer conteúdo àquelas jovens garotas foi mais gratificante do que pensei que seria. Alguns meses depois, organizei dois chás de panela para mulheres que amo. No trimestre seguinte, entrei em contato com o diretor comunitário de nossa igreja e perguntei sobre algum trabalho voluntário em que Matt e eu poderíamos nos envolver. Durante anos, dissemos que queríamos abrir nossa casa para os necessitados. Depois de arrastar a ideia por meses e de nos instalarmos em nossa nova casa, soube que era hora de finalmen-

ABRACE SUA JORNADA

te começar. Candidatamo-nos a um programa com uma organização local e sem fins lucrativos e demos os primeiros passos para abrir nosso coração e nossa casa de novas maneiras.

Compartilho esses exemplos porque quero que veja que não é preciso voar pelo mundo para servir a outros. Se você abre as portas de sua casa para comemorar a grande conquista de alguém (formatura, casamento ou qualquer outra coisa), se estende sua mão para os necessitados em sua comunidade ou se simplesmente está presente para um amigo que precisa que alguém o escute, servir outros vem em muitas formas e tamanhos. Não importa o que você faça ou como faça. Apenas entenda que, quando nossa própria vida parece difícil ou quando nossos objetivos ficam *pendentes*, às vezes a coisa mais santificada que podemos fazer é sair de nossa bolha e se pôr à disposição de outra pessoa. Não tenha medo de se arriscar *antes* que sua vida seja tudo o que você quer que seja — especialmente quando seria mais seguro se isolar e se desligar.

Simplifique

Quando nos mudamos para nossa nova casa, desembalei apenas os itens essenciais e deixei a maioria das coisas com as quais não tinha certeza do que fazer — itens de decoração, livros e outras coisas que ainda não tinham lugar — em caixas que guardamos em nosso porão. Muito rapidamente, descobri que eu funcionava melhor com menos. Superfícies planas, espaço livre em minhas paredes e um toque de aconchego para aquecer a sala, como nossas luminárias ou uma simples manta, nos serviram melhor.

Faz sentido, realmente. Minha amiga Myquillyn Smith destacou em seu livro *Cozy Minimalist Home* [Aconchegante Casa Minimalista, em tradução livre] que "pesquisas científicas apontam

TIRE O MÁXIMO DE PROVEITO DOS SEUS QUASE SUCESSOS

que o nível de cortisol — um hormônio de resposta ao estresse — aumenta nas mulheres quando se deparam com o excesso de coisas em casa". Está provado que a desordem nos faz sentir ansiedade e estresse. Aparentemente, isso não é tão comum em homens quanto em mulheres.[2] *Que sorte a nossa.*

Além de desempacotar apenas o essencial e os itens que tornavam o ambiente mais aconchegante sem enchê-lo, criei alguns sistemas para nosso novo espaço. Por exemplo, coloquei uma cesta em nosso balcão para conter toda a bagunça que, de outra forma, acabaria espalhada (carteiras, óculos de sol, chaves etc.).

Isso facilita manter as superfícies limpas, já que meu marido não é tão maníaco por organização quanto eu e prefere que a organização não seja muito complicada. Descobri que superfícies limpas me mantêm calma e feliz. E isso é bom para nós dois.

Em minha missão de reduzir o estresse e focar meu bem-estar espiritual, emocional e físico, diminuir a desordem nos ambientes de meu dia a dia tem sido muito importante.

Dito isso, a bagunça física não é a única coisa que pode causar estresse. A desordem mental — ou o excesso de coisas para fazer — em nosso trabalho e em nossa vida pessoal pode ter um efeito semelhante.

Eu sabia que certos projetos com os quais me comprometera eram distrações — apenas mais coisas na minha agenda —, adicionando estresse à minha vida, em vez de se alinhar a minha prioridade atual.

Quando comecei a escolher *menos*, mas *melhor* — menos bugigangas e mais produtos de qualidade, menos compromissos aleatórios e mais projetos satisfatórios —, fiquei menos estressada *e* senti que estava tendo mais sucesso.

---

[2] Myquillyn Smith, *Cozy Minimalist Home: More Style, Less Stuff* (Grand Rapids, MI: Zondervan, 2018), 34.

ABRACE SUA JORNADA

Divirta-se Mais

Alguns meses atrás, sentei-me em meu escritório para trabalhar em um projeto. A hora do almoço chegou, e meu telefone tocou na mesa ao lado. Era uma mensagem de uma amiga que eu não via havia meses. "Ei, sei que isso é aleatório, mas estou na vizinhança. Alguma chance de nos encontrarmos para um almoço em uns vinte minutos?"

Normalmente, eu diria que não poderia ir e perguntaria se poderíamos marcar para outro dia.

Quando estava prestes a responder dizendo que não poderia ir, lembrei-me de que a vida é curta e de que preciso encontrar maneiras de aproveitá-la.

Então digitei: "Claro! Vamos nos encontrar, então!" Parecia a coisa mais rebelde que eu tinha feito em muito tempo.

Que droga, pensei enquanto saía da garagem. *Você realmente tem que viver um pouco mais, J.*

Depois que a garçonete nos mostrou nossa mesa, nos sentamos e ambas soltamos automaticamente um suspiro de alívio no meio de um dia agitado. Nós rimos e começamos a conversar o máximo que podíamos na única hora que tínhamos.

Perto do final de nosso almoço, terminei minha salada e disse: "Puxa, estou tão feliz por termos feito isso."

Ela tomou um gole de sua limonada. "Menina, eu também! Começamos pequenas empresas para que pudéssemos ter flexibilidade e precisamos nos permitir aproveitar os benefícios do trabalho que temos."

Ela estava completamente certa.

TIRE O MÁXIMO DE PROVEITO DOS SEUS QUASE SUCESSOS

Independentemente de qual seja sua ocupação, há uma lição a ser aprendida aqui: uma vida com mais possibilidades, mais caprichos e mais contentamento nem sempre exige uma mudança total. Nem exige que você alcance todas as metas dentro do prazo que definiu quando tinha 12 anos e pensou que o mundo era uma terra mística onde todos os sonhos se tornam realidade simplesmente porque você fez o desejo a uma estrela. Muitas vezes, é preciso apenas alguns ajustes, exatamente de onde você está, para que possa encontrar maneiras de aproveitar a vida que já tem na jornada para onde está indo.

Para mim, foi preciso abrir mão de meu primeiro negócio, mudar meus planos profissionais diante de uma pandemia, perder dois preciosos bebês, investir em um projeto que praticamente fracassou, redefinir o que é suficiente para mim, abrir mão de minhas expectativas e rever os planos que tive para minha casa para redescobrir a importância disso. A princípio, planos atrasados, interrompidos ou destruídos parecem anular nossos sonhos. No entanto, agora posso ver que experiências como essas podem realmente nos ajudar a ter uma vida mais plena *ao longo do caminho*, não apenas quando chegamos ao destino desejado.

Talvez a parte mais importante de fases de treinamento como essa seja aprender a arte de estar presente e se divertir exatamente onde estamos — escolher ser espontânea, rir até chorar no meio de um dia de trabalho, aprender algo novo ou encontrar um hobby mesmo que não sejamos muito boas nisso (cof, cof, jardinagem). Fazer isso nos ajuda a eliminar a tendência de viver em função de uma lista de tarefas e superar a pressão de viver de acordo com expectativas irreais.

Todas nós precisamos de um pouco mais de capricho e prazer — e tanto momentos devastadores quanto decepções podem nos convidar a priorizar mais essas coisas. Não se esqueça de se dar permissão para se divertir um pouco mais, não importa quantos anos você tenha.

ABRACE SUA JORNADA

Bem-vinda ao Campo de Treinamento

Focar as pequenas coisas, criar ritmos e rotinas, aprender algo novo, servir aos outros, simplificar minha vida e abrir mais espaço para diversão e espontaneidade são apenas algumas das coisas que fiz durante meu treinamento. Espero que elas lhe deem algumas ideias úteis de por onde pode começar. Seja qual for seu tipo de treinamento, aproveite a ocasião para avaliar o quanto você administrou seu corpo, sua mente, sua alma, seus relacionamentos e seu tempo. Em seguida, considere quais medidas você pode tomar para cuidar desses aspectos nem que seja só um pouco melhor.

Acredite, quando os sonhos não dão certo, você pode enxergar sua situação atual como um beco sem saída *ou* como uma passagem para ajudá-la a cumprir seu destino entregue por Deus.

Toda essa vida — e não apenas as estações de espera — é um campo de treinamento. É a preparação para nosso lar eterno. Mais uma razão para nos cuidarmos em todos os momentos, não apenas quando as coisas estão difíceis.

Talvez um segredo para o sucesso enquanto passamos por desgosto, espera ou decepção no caminho para alcançar nossos maiores sonhos não seja simplesmente ser forte. Acho que, de fato, é aprender a administrar bem — plantar com fé, cuidar com paciência e permanecer com as raízes no Amor.

Quando permitimos que sonhos interrompidos, atrasados e até aparentemente destruídos nos convidem para o que vale a pena, tudo muda. E sempre encontraremos muito poder ao abrir mão do que é finito e temporário, plantando sementes na eternidade e dizendo sim ao que é mais importante (e deixando de lado o que não importa).

Permita que esse seja um momento em que você descobrirá o que deseja fazer crescer e o que deseja abandonar. Apoie-se no Senhor.

Conecte-se com os outros. Admita o que você não sabe. Aprenda coisas novas. E, caramba, abra espaço para se divertir um pouco mais também.

Lembre-se: este é o seu lar temporário. Mesmo quando você consegue algo que deseja deste lado do paraíso, esse marco nunca foi projetado para ser seu destino final. E a satisfará apenas por algum tempo. Quase sempre haverá algo novo pelo qual esperar ou trabalhar. Atreva-se a resistir à tentação de permitir que uma fase de espera se torne uma fase desperdiçada, senão você perderá toda a sua vida. Afinal, a vida é basicamente uma grande sala de espera. Então, talvez aqui, no meio, o desafio seja aproveitá-la ao máximo.

Preencha sua vida com diversão, com caprichos, com fé e com o amor de que precisa para que possa se levantar novamente e voltar ao ringue, assim como a boa gestora e guerreira que você foi criada para ser.

13

Termine Bem

Estou escrevendo isto de Montana. Conseguimos chegar aqui, mas de avião dessa vez. Já faz um tempo desde a nossa primeira tentativa — você sabe, aquela que terminou em algum lugar de Minnesota, com milhares de dólares perdidos na hospedagem que precisamos cancelar.

Estou olhando pela janela, para a serra delineada contra o céu imenso. Nada sobre esse lugar é como eu imaginava que seria. É melhor.

E na vastidão de suas planícies abertas, cercada por terrenos montanhosos e céus que se estendem até onde os olhos podem ver, apreciei profundamente a beleza do lugar. Estou realmente saboreando cada experiência de refeição ou caminhada, respirando o ar da montanha, aproveitando para estar presente e viver cada segundo. O vasto céu, as pessoas amigáveis e as enormes montanhas que temos escalado estão me dando um vislumbre das possibilidades e vêm me desafiando a sonhar novamente, quando sonhar já parecia impossível.

Não tenho certeza se teria sido tão intencional, se teria notado todos os detalhes ou sentido a gratidão pela pausa e restauração que esse lugar está me proporcionando se minha rota até aqui não tivesse sido não linear.

Por outro lado, é estranho pensar que cheguei a Montana, mas não cheguei à vida que Montana passou a representar para mim — aquela em que tudo na minha vida parece estar certo e completo.

Você já experimentou aquela sensação estranha de que as coisas não são exatamente como deveriam ser (pelo menos não como pensava que deveriam ser), mesmo que onde você esteja seja um belo lugar?

É estranho, mas santificado, não? O lembrete do que está faltando contra o cenário do que você não quer perder pode criar uma interseção incomum de tristeza e gratidão. É nesses momentos que acho que podemos realmente gostar de nossa vida. Podemos não ter paixão por todos os aspectos. Ainda pode haver algumas coisas fora do lugar, mas talvez seja possível sentir profundamente a tensão do que não deu certo enquanto se aprecia o presente e a beleza bem aqui, no meio da caminhada.

Podemos não chegar com facilidade ou rapidez ao destino com que sonhamos, e podemos até perder alguns recursos na busca. Talvez tenhamos que esperar um pouco ou mudar nossos planos. Mas se mantivermos nosso plano em mente, estabelecermos uma prioridade diária e plantarmos sementes de legado a cada dia longo e difícil, então, quando chegarmos aonde estamos indo — a eternidade —, terá valido a pena cada rejeição, decepção, longa espera e desvios ao longo do caminho.

Uma amiga recentemente me disse: "Quando você experimenta perdas ou contratempos *antes* de chegar ao seu destino, isso torna a magia de chegar muito mais doce."

Se eu experimentei isso em uma pequena fração com minhas expectativas e esperanças sobre Montana sendo destruídas com retornos e com a gratificação adiada, então talvez possa escolher acreditar que isso será verdade para o destino que Montana representa para mim: plenitude. Redenção em nossas histórias. Sonhos restaurados.

Por mais difícil que seja acreditar em meio a planos e sonhos desfeitos, talvez, juntas, possamos nos comprometer a voltar a acreditar quando nossos planos não saem conforme o planejado ou quando contratempos ou o sofrimento parecem atrapalhar a jornada.

Antes que o Felizes para Sempre Aconteça

Sabe, não era assim que este livro deveria terminar. Eu tinha esboçado um capítulo final totalmente diferente um ano atrás. Tudo foi amarrado com um lindo laço, do jeito que eu gosto.

A primeira vez que entreguei este manuscrito, foi apenas dez dias antes de descobrir sobre nossa segunda perda. Eu havia contado toda uma bela história e escrevi todos os tipos de lições inspiradoras sobre como, se você apenas persistir e acreditar, terá seu final feliz.

Embora acredite que todos nós temos a tendência de fazer isso, como autora, descobri que gosto de escrever meu próprio final feliz antes que ele realmente aconteça.

Quando enviei o livro à minha editora pela primeira vez, incluí uma nota sobre o último capítulo, que estava 90% completo, e disse a ela que finalizaria os detalhes em mais algumas semanas. Queria apenas ter certeza de que as coisas dariam certo antes de terminar a bela história de redenção que ela *deveria* ser.

Claro, como você sabe, não foi o que aconteceu. Meus planos para este livro desmoronaram, assim como meus planos para aquele ano, justamente quando achava que faltavam apenas alguns parágrafos a

ABRACE SUA JORNADA

serem concluídos. Estava *quase* pronto, e, desde então, tive que rees-crevê-lo inteiramente.

Existe algo tão desanimador quanto estar a poucos centímetros de um final feliz, apenas para que a coisa toda exploda e você seja força-da a começar de novo? Não apenas em um livro, mas em sua história de vida? Eu voto em não — não existe. É uma coisa enlouquecedora.

Acho que o fato de eu sentir que o livro não estava completamente acabado é significativo. *Queria* contar o final feliz perfeito que havia escrito em minha mente. Imaginei que estava lhe escrevendo do outro lado dos sonhos desfeitos e queria oferecer a prova do conselho clichê de que, se não der certo na primeira tentativa, dará certo se você sim-plesmente se levantar e tentar de novo.

Claro que a vida nem sempre funciona assim. Às vezes, assim que você se levanta do último golpe, é derrubada novamente, e pode até começar a questionar todos seus sonhos.

Então precisei reescrever a história como realmente aconteceu, e não foi uma tarefa fácil... porque essa não é a história que *queria* es-crever — muito menos viver. Esse pode ter sido o projeto mais difícil em que trabalhei até hoje, e, para ser honesta, fico muito frustrada por não estar perfeito e por ainda existirem muitas incógnitas. Pensei que estaria lhe escrevendo lá do final. Em vez disso, estou lhe escre-vendo do meio. Acho, porém, que isso é estranhamente apropriado.

Embora teria adorado que essa tivesse sido uma experiência mais fácil, ousei me perguntar: será possível que essa história é melhor e que eu esteja me tornando melhor por causa disso?

O que quero dizer é o seguinte: aninhada dentro dos desgostos e decepções no caminho para meus sonhos, descobri os ganhos inespe-rados de que lhe falei.

Fui *refinada* nas dúvidas, inquietações e incertezas. Fui transformada de dentro para fora, ganhei uma nova perspectiva sobre o que realmente importa, aprendi a estabelecer limites saudáveis (mesmo quando se trata de trabalhar em meus sonhos) e descobri o poder de saber o que realmente se quer em um mundo que lhe diz que você deve querer tudo.

Eu não quero fazer *tudo*. Quero fazer algumas coisas — e fazê-las bem.

Não quero reformar casas que mal tenho tempo de cuidar só porque isso parece divertido nos programas da TV. Quero focar minha saúde e minha família.

Não quero uma casa perfeita do Pinterest. Quero uma casa funcional e que seja certa para *mim* — na qual goste de morar e que sirva bem a mim, minha família e minha comunidade.

Não quero perseguir objetivos financeiros aleatórios só porque outra pessoa está ganhando certa quantia. Quero correr *minha* corrida e ganhar o dinheiro de que preciso para financiar minha missão e dar opções para minha família.

Não quero ser dura, exigente ou competitiva. Simplesmente quero pensar como uma líder e estabelecer limites saudáveis para não me esgotar.

Não quero acompanhar, superar ou trabalhar como homens apenas para atingir uma conquista. Quero aceitar, abraçar e trabalhar de maneira que satisfaça minhas necessidades femininas.

Não quero fazer coisas apenas para provar a todos que sou bem-sucedida. Quero administrar tudo com intenção.

Eu poderia continuar, mas tenho certeza de que você entendeu. Da maneira mais inesperada, os contratempos e sofrimentos mais indesejados redefiniram minha visão, me lembraram do que eu realmente quero e esclareceram meu objetivo — e minha missão. Agora eu sei do que estou atrás... e do que absolutamente *não* estou atrás.

Quero essa clareza para você também.

Talvez você ainda não tenha chegado ao seu "felizes para sempre". Aposto que há algo que ainda não parece excepcional em sua vida. Não me refiro a *excepcional* no sentido de algo grande. Refiro-me a algum tipo de pendência, algo ainda a ser feito. Eu chamo isso de "sonho pendente". É como olhar para aquele irritante símbolo de "carregando" em seu computador quando ele trava no meio de um projeto importante. Você se senta lá, imaginando quanto tempo ele levará para voltar a funcionar.

Posso lhe contar um pequeno segredo? Acho que nunca alcançamos o felizes para sempre deste lado do paraíso. Podemos atingir um marco e alcançar um objetivo, mas pensar que chegaremos a um lugar onde finalmente teremos tudo, vivendo em um mundo imperfeito? Estamos apenas nos enganando.

Parte de mim ainda gostaria de esperar para terminar este livro até ter uma história de redenção para contar. Queria contar uma história com um final perfeito.

Acho que tendemos a escrever nossas histórias de redenção preferidas do modo como queremos que nossas histórias terminem após capítulos difíceis. E então, às vezes, acabamos enfrentando outro capítulo difícil após o outro, e acordamos para a realidade de que não somos os autores de nossas próprias histórias. Ainda acredito de coração que tudo acabará lindamente, mas a história ou os capítulos difíceis podem durar mais do que gostaríamos — e, sinceramente, isso é irritante.

Suponho que essa é a parte em que devemos nos lembrar de que não somos donas de nossas histórias de redenção. As histórias são Dele. Não somos autoras melhores que Deus, e, por mais que gostaríamos que Ele escrevesse uma reviravolta na história em que vencemos, devemos nos lembrar de que, bem, Ele já o fez. Dois mil anos atrás, em uma cruz. E essa circunstância presente não é um beco sem saída. No meio da bagunça, tudo é frustrante, enlouquecedor e exaustivo, mas podemos cavar fundo e encontrar uma maneira de acreditar que algum dia essa porcaria fará sentido. Porque nem a minha história nem a sua terminaram.

A verdade é que, mesmo que atinjamos um destino desejado ou cheguemos até certo ponto, estaremos sempre no meio — entre dois jardins, *quase* aonde realmente desejamos chegar.

Acabe Bem

Se você leu a introdução deste livro, conhece a história de quando eu corri no ensino médio e, na minha primeira corrida, decidi me inclinar em direção à linha de chegada na tentativa de terminar em primeiro lugar, mas terminei com a cara no chão. Eu quase ganhei… mas acabei em último.

Estava tão focada em vencer outra pessoa, que tropecei, e as coisas não terminaram bem. Agora, enquanto busco esperanças, sonhos e objetivos, devo me perguntar: *Estou me preparando para cair de cara no chão ou para terminar bem? Estou apenas tentando superar ou acompanhar alguém? Ou estou correndo em um ritmo sustentável, com foco no que mais importa, para que possa correr bem a mi-*nha *corrida?*

Sabe, uma vez que você esteve tão perto de alcançar um objetivo ou realizar um sonho e caiu, pode ser difícil encontrar coragem para se levantar e tentar novamente. Começar de novo. Correr novamente. Expor-se mais uma vez. Voltar a sonhar.

ABRACE SUA JORNADA

Seja tentando conseguir uma promoção, encontrar o amor, consertar um relacionamento ou construir uma família, tentar novamente pode ser assustador, pode fazer com que nos sintamos vulneráveis e pode nos tornar mais humildes.

Mas ouça — você não precisa terminar em primeiro lugar. Nem precisa terminar rápido. Não precisa terminar de forma chamativa ou na frente de outra pessoa. Não precisa terminar tudo. É melhor deixar algumas coisas em pausa ou desfeitas se não forem as coisas certas nas quais se concentrar. Mas ali no meio, enquanto espera pelo que quer que pareça fora de alcance, torne sua missão apenas terminar *algo*.

É bom terminar alguma coisa, mesmo que não seja seu maior sonho. Defina uma pequena meta, comece com ela e não desista até terminar. Seja seu objetivo plantar um jardim, abrir um pequeno negócio ou correr 5km, encontre algo que possa terminar, mesmo que ainda esteja esperando pela realização de um sonho.

Quem Você Se Tornará?

Tenho uma última história para você. Não muito tempo atrás, tive uma longa conversa no café da manhã com uma colega de trabalho que se tornou uma amiga querida. Enquanto trocávamos histórias de nossas decepções e derrotas na trilha em direção aos nossos maiores sonhos, a conversa voltou a um tema central: quando a estrada fica longa ou quando as coisas quase dão certo, isso pode fazer com que nos tornemos *amargas* ou pode nos tornar pessoas *melhores*.

Então ela disse: "Sabe, em diversas ocasiões na minha vida, as coisas não aconteceram exatamente como eu achava que deveriam acontecer. Às vezes parece que tive mais decepções do que sonhos

TERMINE BEM

realizados. Mas agora posso ver como todas as lutas e os reveses ao longo do caminho me tornaram a mulher que sou hoje."

Todas as lutas e os reveses ao longo do caminho me fizeram a mulher que sou hoje.

Por mais que gostaríamos de escrever o final feliz perfeito para nossas histórias muito imprevisíveis, às vezes não é tão simples quanto levantar e tentar de novo. Às vezes, é preciso pedir ajuda, buscar ganhos na dor e avançar lentamente — mesmo que precisemos engatinhar primeiro.

Os desafios que encontraremos no caminho para nossos maiores sonhos são tão imprevisíveis quanto o clima em Indiana. Estou começando a perceber que alcançar todos os sonhos não é tudo o que importa. Também importa quem nos tornamos e o que fazemos, *mesmo* quando nossos sonhos não se realizam.

Isso significa que devemos abrir mão de nossas esperanças? Com certeza, não. Mas elas podem ser refinadas pelo fogo, onde podemos descobrir que alguns dos objetivos que estávamos buscando não são realmente uma prioridade para nós. Dificuldades e expectativas não atendidas realmente mudam nosso foco do que é sem importância e urgente para o que é mais importante e eterno — se permitirmos.

Então, é por isso que estou começando de novo. Estou persistindo. Continuarei cuidando das coisas que importam, em vez de me apressar para acompanhar alguém ou vencer um jogo que não nasci para jogar. Continuarei plantando na fé e me enraizando no amor. Continuarei dando um passo de cada vez.

De alguma forma, independentemente de quantas decepções ou mágoas você tenha enfrentado, espero que você cave fundo e encontre coragem e graça suficientes para fazer o mesmo.

ABRACE SUA JORNADA

Quero encerrar com esta mensagem: as perdas consecutivas que tive me mostraram quantas coisas tiveram que se encaixar perfeitamente para que você e eu tivéssemos nascido e respirado nesta terra. Se uma pequena célula se dividir de forma errada, isso pode ser o fim da existência de alguém.

Sabe o que isso significa? Significa que sua vida não é uma coisa casual e simples. Eu só quero que entenda quão milagrosa é a sua existência. Espero que você a valorize. Espero que lute por sua vida com afinco. Espero que não desista e que ouse ser tão persistente a ponto de doer.

Enquanto isso, na tensão entre onde você está e aonde espera chegar, continue a regar o solo de seus sonhos e mantenha a esperança de que, no momento certo, eles brotem, cresçam e floresçam... mesmo que esse processo ou cronograma pareça totalmente diferente do que você imaginou.

Se seus sonhos foram adiados, dolorosamente interrompidos ou até mesmo destruídos, o que fará para abraçar seu processo de refinamento?

Se estiver lidando com expectativas não atendidas, metas não alcançadas ou incógnitas paralisantes, faça de sua missão terminar *algo*, continuar e permanecer fiel nesse meio-termo divino, mesmo antes de chegar onde quer estar. Corra bem a *sua* corrida.

Escolhamos viver com intenção durante os quase sucessos, para que um dia, no final da vida, possamos olhar para trás e dizer com confiança: "Foi muito difícil. Mas 'combati o bom combate, terminei a corrida, guardei a fé'.[1] E, caramba, sou grata por ter me tornado a mulher que sou hoje."

---

[1] 2 Timóteo 4:7.

Índice

A

abrir mão, 30, 34–36
abundância, 64
aceitação, 51
adversidade, 113–114
  e clareza, 119–126
agentes de estresse, 166
A Grace Disguised, livro, 147
alcançar seus objetivos, 3
amargura, 49, 137
ambição, 12, 17–21
  demasiada, 18
amor, 155
ansiedade, 68
Antigo Testamento, 111
aprovação, 110

arrancar mentiras enraizadas, 151–153, 156–157
aspirações profissionais, 54

B

bem-estar
  espiritual, 187
  mental, 92
Bíblia, 100
buscar
  coisas duradouras, 36–38
  conselhos, 38

C

caminho divino, 141
campo de treinamento, 180–181
círculo vicioso, 144

ABRACE SUA JORNADA

clareza, 6

comentário sarcástico, 32

comparações, 68, 133–136

complacência, 73

concentração, 83

conexão, 110

confusão mental, 171

conquistas alheias
  como responder às, 129–132

contentamento, 6,
  12–13, 73, 98

cortisol, hormônio, 187

Covid-19, 75–76

crença, 150

culpa, 51
  materna, 49

D

decepção, 14, 53, 72, 110
  dor da, 67

decisão
  bem pensada, 11
  difícil, 25
  precipitada, 38

desacelerar, 112

Desafio no Gelo, filme, 26

desespero, 49

desgosto, 53, 67

desilusão, momentos de, 23

destino desejado, 93

determinação, 19–20

Deus
  caminhos de, 146
  plano de, 157
  união com, 156

diário, escrever um, 179

dominar o mundo, 3

dor inútil, 105

E

elaborar um plano, 39–40

empatia, 110, 181

enraizar no amor, 155

enriquecer, 3

enxergar as possibilidades, 14

escassez, 64

esgotamento, 68

Essencialismo, livro, 164

estressores desnecessários, 167

Etsy, plataforma, 26–27, 34

ÍNDICE

excesso de compromissos, 30

expectativas, 6

  não atendidas, 67, 82, 152

F

fadiga, 115

fé, 99–100, 132, 180

focar poucas coisas, 83–84

fracasso, sentimento de, 51, 53

frustração, 51

G

ganhos inesperados, 117, 196

gatilho, 132

Gênesis, livro, 156

grandes decisões, 36

gratificação instantânea, 171

H

hábitos, 83

hipotireoidismo, 115

histórias de redenção, 198

honestidade, 146

I

imperfeições, 27

imprevisibilidade, 80–81

incapacidade, 51

instinto, 105

intenção cuidadosa, 178

inveja, 127–129, 137

  como lidar com a, 137–141

  oculta, 130

J

Jardim do Éden, 155–157

jardinagem, 15

Jordan Lee Dooley

  adaptação, 79–80

  casa, 159–163, 166–167, 174

  corrida, 1–2

  Covid-19, 75–77

  escrita, 195–196

  escritora, 97

  fé e lógica, 99–101

  gravidez, 41–50, 85–89

    conselho da mãe, 52–53

  investimento, 11–12

  jardinagem, 13–14

  planos de curto prazo, 81–82

  pós-operatório, 103–106

SoulScripts, 26–30

   abrir mão, 32–35, 37–40

   viagem a Montana, 90–93

jornada interrompida, 98

L

lar eterno, 190

lista de tarefas diárias, 59

M

mágoa, 57

manter o comprometimento, 69

Matt Dooley

  futebol americano, 95–96

mau parto, 105, 106–109

  ganhos inesperados, 109–118

    clareza, 113–114

    discernimento, 114–116

    empatia, 109–110

    intencionalidade, 115–116

    paciência, 110–113

mensagem encorajadora, 31

mentalidade de vítima, 148, 150

mentiras

  enfrentar as, 152

metas, 20

  perguntar-se "Por quê?", 65–72

  suficiente, 66–69, 72–73

momentos de quase conquista, 67

motivação, 122

mudar

  de direção, 94

  de percurso, 4

mundo imperfeito, 136

O

opressão, 32

P

palavras

  de incentivo, 28

  encorajadoras, 12

paralisia da análise, 39

perda inesperada, 53

perdas dolorosas, 21

perguntas críticas, 72

perseguir ideias, 124

perseverança, 99, 181

peso emocional, 104

ÍNDICE

planos

destruídos, 81

de vida, 95

interrompidos, 168

plantar na fé, 154

plenitude, 156

da maternidade, 49

"Por que não eu?", 145–149

posição de controle, 78

pressão arbitrária, 67

principal prioridade, 163–174

problema econômico, 47

Q

quase sucesso

aproveitar ao máximo, 178–191

aprender coisas novas, 184–185

concentrar-se no que precisa fazer, 182–183

crie rotinas, 183–184

divertir-se, 188–190

servir outros, 185–186

simplificar, 186–188

resposta a, 199–200

R

realização, sentimento de, 56

receber apoio, 100

recomeçar, 93–94

reconhecer

as prioridades, 163

seus medos, 80

redirecionamentos, 98

refinar, 197, 200–201

rejeições, 98

relacionamentos

prejudicados, 89

replanejar os sonhos, 5

S

sabedoria, 181

Salmo 22:2, 49

saúde mental, 179

seguir em frente aos poucos, 55–57

sensação de descontrole, 78

senso

de normalidade, 181

de propósito, 179

sobrecarga, 30

sonhos

desfeitos, 107, 114, 152

interrompidos, 21, 111

pendentes, 198

reavaliar os, 123

subconsciente, 50

sucesso, 15–17, 53, 84, 117, 190–191

subjetivo, 197

superação, 51

T

tarefas diárias, 57–58

terapia, 112

U

ultrassom transvaginal, 45

um passinho de cada vez, 57

V

vaidade, 68

vazio inesperado, 180

vitimismo, 143–144

viver as emoções, 100

Projetos corporativos e edições personalizadas
dentro da sua estratégia de negócio. Já pensou nisso?

Coordenação de Eventos
Viviane Paiva
viviane@altabooks.com.br

Contato Comercial
vendas.corporativas@altabooks.com.br

A Alta Books tem criado experiências incríveis no meio corporativo. Com a crescente implementação da educação corporativa nas empresas, o livro entra como uma importante fonte de conhecimento. Com atendimento personalizado, conseguimos identificar as principais necessidades, e criar uma seleção de livros que podem ser utilizados de diversas maneiras, como por exemplo, para fortalecer relacionamento com suas equipes/ seus clientes. Você já utilizou o livro para alguma ação estratégica na sua empresa?

Entre em contato com nosso time para entender melhor as possibilidades de personalização e incentivo ao desenvolvimento pessoal e profissional.

PUBLIQUE SEU LIVRO

Publique seu livro com a Alta Books.
Para mais informações envie um e-mail para: autoria@altabooks.com.br

 /altabooks   /alta-books   /altabooks   /altabooks

CONHEÇA OUTROS LIVROS DA **ALTA BOOKS**

Todas as imagens são meramente ilustrativas.